U0568766

中国古代邮驿

王俊 编著

中国商业出版社

图书在版编目（CIP）数据

中国古代邮驿/王俊编著. -- 北京：中国商业出版社，2014.5
ISBN 978-7-5044-8561-8

Ⅰ.①中… Ⅱ.①王… Ⅲ.①邮政-经济史-中国-古代 Ⅳ.①F632.9

中国版本图书馆 CIP 数据核字（2015）第116930号

责任编辑：张斌

中国商业出版社出版发行
010-63180647　www.c-cbook.com
（100053 北京广安门内报国寺1号）
新华书店总店北京发行所经销
北京飞达印刷有限责任公司

*

710×1000毫米　16开　12.5印张　200千字
2015年8月第1版　2015年8月第1次印刷
定价：25.00元

* * * *
（如有印装质量问题可更换）

《中国传统民俗文化》编委

主　编	傅璇琮	著名学者，原国务院古籍整理出版规划小组秘书长，清华大学古典文献研究中心主任教授，原中华书局总编辑
顾　问	蔡尚思	著名历史学家，中国思想史研究专家
	卢燕新	南开大学文学院副教授
	王永波	四川省社会科学院文学研究所副研究员
	叶　舟	中国思维科学研究院院长，清华大学、北京大学特聘教授
	于春芳	北京第二外国语学院教授
	杨玲玲	西班牙文化大学文化与教育学博士
编　委	陈鑫海	首都师范大学中文系博士
	李　敏	北京语言大学古汉语古代文学博士
	赵　芳	出版社高级编辑，曾编辑出版过多部文化类图书
	韩　霞	山东教育基金会理事，作家
	陈　娇	山东大学哲学系讲师
	吴军辉	河北大学历史系讲师
	石雨祺	出版社高级编辑，曾编辑出版过多部历史类图书
	王　欣	全国特级教师
策划及副主编	王　俊	

序　言

　　中国是举世闻名的文明古国,在漫长的历史发展过程中,勤劳智慧的中国人,创造了丰富多彩、绚丽多姿的文化,可以说人创造了文化,文化创造了人,这些经过锤炼和沉淀的古代传统文化,凝聚着华夏各族人民的性格、精神、智慧,是中华民族相互认同的标志和纽带。在人类文化的百花园中摇曳生姿,展现着自己独特的风采,对人类文化的多样性发展做出了巨大贡献。中国传统民俗文化内容广博,风格独特,深深地吸引着世界人民的眼光。

　　正因如此,我们必须深入学习贯彻十八届三中全会精神,按照中央的规定,加强文化建设。2006年5月,时任浙江省委书记的习近平同志就已提出:"文化通过传承为社会进步发挥基础作用,文化会促进或制约经济乃至整个社会的发展。"又说:"文化的力量最终可以转化为物质的力量,文化的软实力最终可以转化为经济的硬实力"(《浙江文化研究工程成果文库总序》)。今年他去山东考察时,又再次强调:中华民族伟大复兴,需要以中华文化发展繁荣为条件。

　　学习习近平同志的重要讲话,确可体会到,在政治、经济、军事、社会和自然要素之中,文化是协调各个要素协同发展、相关耦合的关键。正因为此,我们应该对华夏民族文化进行广阔、全面的检视。我们应该唤醒我们民族的集体记忆,复兴我们民族的伟大精神,发展和繁荣中华民族的优秀文化,为我们民族在强国之路上阔步前行创设先决条件。

实现民族文化的复兴,更必须传承中华文化的优秀传统。现代中国人,特别是年轻人,对传统文化十分感兴趣,蕴含感情。但当下也有人对具体典籍、历史事实不甚了解,比如说,中国是书法大国,谈起书法,有些人或许只知道些书法大家如王羲之、柳公权等等的名字,知道《兰亭集序》是千古书法珍品,仅此而已。再比如说,我们都知道中国是闻名于世的瓷器大国,中国的瓷器令西方人叹为观止,中国也因此而获得了"瓷器之国"(英语 china 的另一义即为瓷器)的美誉。然而关于瓷器的由来、形制的演变、纹饰的演化、烧制等等瓷器文化的内涵,就知之甚少了。中国还是武术大国,然而国人的武术知识,或许更多地来源于一部部精彩的武侠影视作品,对于真正的武术文化,我们也难以窥其堂奥也。我们还是崇尚玉文化的国度,我们的祖先,发现了这种"温润而有光泽的美石",并赋予了这种冰冷的自然物以鲜活的生命力和文化性格,例如"君子当温润如玉"、女子应"冰清玉洁"、"守身如玉";"玉有五德",即"仁"、"义"、"智"、"勇"、"洁",等等。今天,熟悉这些玉文化的内涵的国人,也为数不多了。

　　也许正有鉴于此,有忧于此,近年来,已有不少有志之士,开始了复兴中国传统文化的努力,读经热开始风靡海峡两岸,不少孩童乃至成人,开始重拾经典,在故纸旧书中品味古人的智慧,发现古文化历久弥新的魅力。电视讲坛里一波又一波对古文化的讲述,也吸引着数以万计的人们,重新审视古文化的价值。现在放在读者眼前的这套"中国传统民俗文化丛书",也是这一努力的又一体现。我们现在确应注重研究成果的学术价值和应用价值,充分发挥其认识世界、传承文化、创新理论、咨政育人的重要作用。

　　中国的传统文化内容博大,体系庞杂,该如何下手,如何呈现?这套丛书处理得可谓系统性强,别具心思。编者分别按物质文化、制度文化、精神文化等方面来分门别类地进行组织编写,例如在物质文化的层面,就有中国古代纺织、中国古代酒具、中国古代农具、中国古代青铜器、中国古代钱币、中国古代石刻、中国古代木雕、中国古代建筑、中国古代砖瓦、中国古代玉器、中国古代陶器、中国古代漆器、中国古代桥梁等等。

在精神文化的层面,就有中国古代书法、中国古代绘画、中国古代音乐、中国古代艺术、中国古代篆刻、中国古代家训、中国古代戏曲、中国古代版画等等;在制度文化的层面,就有中国古代科举、中国古代官制、中国古代教育、中国古代军队、中国古代法律等等。

此外,在历史的发展长河中,中国各行各业还涌现出一大批杰出的人物,至今闪耀着夺目的光辉,启迪后人,示范来者,对此,这套丛书也给予了应有的重视,中国古代名将、中国古代名相、中国古代名帝、中国古代文人、中国古代高僧等等,就是这方面的体现。

生活在 21 世纪的我们,或许对古人的生活颇感好奇,他们的吃穿住用如何?他们如何过节?如何安排婚丧嫁娶?如何交通?孩子如何玩耍?等等。这些饶有兴趣的内容,这套中国传统民俗文化丛书,都有所涉猎,例如中国古代婚姻、中国古代丧葬、中国古代节日、中国古代风俗、中国古代礼仪、中国古代饮食、中国古代交通、中国古代家具、中国古代玩具、中国古代鞋帽等等,这些书籍介绍的,都是人们深感兴趣,平时却无从知晓的内容。

在经济生活的层面,这套丛书安排了中国古代农业、中国古代纺织、中国古代经济、中国古代贸易、中国古代水利、中国古代车马、中国古代赋税等等内容,足以勾勒出古人经济生活的主要内容,让今人得以窥见自己祖先曾经的经济生活情状。

在物质遗存方面,这套丛书则选择了中国古镇、中国古楼、中国古寺、中国古陵墓、中国古塔、中国古战场、中国古村落、中国古街、中国古代宫殿、中国古代城墙、中国古关等内容。相信读罢这些书,喜欢中国古代物质遗存的读者,已经能大致掌握这一领域的大多数知识了。

除了上述内容外,其实还有很多难以归类却饶有兴趣的内容,例如中国古代的乞丐这样的社会史内容,也许有助于我们深入了解这些古代社会底层民众的真实生活情状,走出武侠小说家们加诸他们身上的虚幻不实的丐帮色彩,还原他们的本来面目,加深我们对历史真实的了解。继承和发扬中华民族几千年创造的的优秀文化和民族精神是我们责无旁贷的历史责任。

不难看出，单就内容所涵盖的范围广度来说，有物质遗产，有非物质遗产，还有国粹。这套丛书无疑当得起"中国传统文化的百科全书"的美誉了。这套书还邀约了大批相关的专家、教授参与并指导了稿件的编写工作。应当指出的是，这套书在写作中，既钩稽、爬梳大量古代文化文献典籍，又参照近人与今人的研究成果，将宏观把握与微观考察相结合。在论述、阐释中，既注意重点突出，又着重于论证层次清晰，从多角度、多层面对文化现象与发展加以考察。这套丛书的出版，有助于我们走进古人的世界，了解他们的美好生活，去回望我们来时的路。学史使人明智。历史的回眸，有助于我们汲取古人的智慧，借历史的明灯，照亮未来的路，为我们中华民族的伟大崛起添砖加瓦。

是为序。

傅璇琮

2014年2月8日

前 言

　　中国是世界上文明发达最早的国家之一，地大物博，人口众多，历史悠久，也是人类起源和发展的摇篮之一。

　　中国古代邮驿制度是历史发展的产物，它是我们祖国丰富多彩的历史文化宝库的重要组成部分，推动了我国历史文明的发展。

　　交通的进步，是人类走向文明的一个重要表现。一方面，社会文明的成熟和飞跃，仍然必须以交通事业的发达作为必要的基础。另一方面，文明的进步，当然也构成了有利于交通逐步发达的积极因素。

　　回顾人类社会文明的进程，交通发展的轨迹历历在目。在文明史历程的每一步，都可以看到不断完善的交通条件。交通的进步，总是同人口和需求的增长、社会生产的发展、物质文明水平的提高、精神文明形式的演进，呈现出同步趋势的。

　　我国是世界上最早建立传递信息组织的国家之一，有三千多年的邮驿历史。原始社会出现了以物示意的通信，奴隶社会发展为早期的声光通信和邮传，到封建社会时，中国的邮驿在世界上已名列前茅。我国邮驿制度经历了春秋、汉、唐、宋、元、明各个朝代的发展，一直到清朝中叶才逐渐衰落，被现代邮政所取代。

驿传系统是中国文明创造的杰作之一。古代的驿传系统由驿道与驿站等共同构成，恰如通贯中国文明体系的经络。驿站是古代接待传递公文的差役和来访官员途中休息、换马的处所，其功能在后来有所扩展。驿传系统给中国古代文明带来了生机与活力。中国古代驿传系统形成较早，也具备了相对完备的结构形式，表现出相对迅捷的工作效率。讨论中国古代驿传系统的形制、特征及其历史作用，无疑有助于更准确地理解中国古代许多有关的历史文化现象，从而更真切地认识中国古代文明的若干特质，更具体地说明中国古代文明演进的真实历程。

《中国古代邮驿》一书以翔实的史料，丰富的内容，在科学分析的基础上，将我国古代邮驿的悠久历史和演变过程展现在读者面前。本书探讨了古代邮驿的性质、特点及发展规律，总结了古人运用通信规律办邮的基本经验，分析了邮驿与政治、经济、军事、文化、民族、外交等方面的联系及作用，并对不同历史时期邮驿的组织管理、网络设施、通信方式、传递效率、邮驿法律、馆驿供应及驿传弊端等一系列问题，做了有益探索，从而以无可辩驳的历史事实，进一步证实了中国是世界上邮驿起源最早、最发达的国家之一，也是世界上最早、最成功地发现并运用通信规律组织书信传递的国家之一。中国古代创造和积累的一整套治邮经验，为世界各国所汲取，为促进人类通信事业的发展起到了重要作用。

目录

第一章　先秦邮驿：初步发展，日趋完备

第一节　简单原始的上古邮驿 ……………………… 2
古代世界的邮政 …………………………………… 2
禅让时代的"喉舌之官" …………………………… 4

第二节　日趋完备的夏商周邮驿 …………………… 5
夏商周邮驿概况 …………………………………… 5
夏设"车正"专管车旅交通 ……………………… 7
神话中的商纣"声光"通信 ……………………… 8
完备的西周邮传 …………………………………… 9

第三节　不断完善的春秋邮传 ……………………… 11
春秋邮驿概况 ……………………………………… 11
"因国而异"的邮传组织 ………………………… 13
多样化的通信手段 ………………………………… 14
单骑通信和接力传书的开始 ……………………… 14

第四节　空前繁忙的战国邮驿 ……………………… 17
简书与符信的时代 ………………………………… 17
战国时期的私人通信和私人传舍 ………………… 19

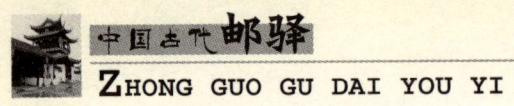

第二章 秦汉时期：大一统时代的邮驿

第一节 中央集权下的秦代邮传 ………………………… 22
秦代邮传的组织管理 ………………………… 23
统一的秦朝邮驿 ………………………… 25

第二节 通达全国的两汉邮驿 ………………………… 28
两汉邮驿的组织管理 ………………………… 28
两汉的驿置与邮亭 ………………………… 30
两汉邮驿网路建设 ………………………… 35
两汉的邮驿经费与供应 ………………………… 38
官邮和私邮 ………………………… 39
发达的汉代烽火通信 ………………………… 42

第三章 魏晋南北朝邮驿：逆旅风行

第一节 魏晋南北朝时期的邮驿 ………………………… 46
历史上第一个《邮驿令》 ………………………… 47
刘备、诸葛亮对四川邮驿的贡献 ………………………… 49
南方水驿的兴起 ………………………… 51
少数民族地区邮驿的发展 ………………………… 52
私邮和私营逆旅 ………………………… 54

第二节 十六国时期的邮驿 ………………………… 55
服务于军政的通信系统 ………………………… 55
北方边疆的邮驿 ………………………… 57

第四章　盛况空前的隋唐邮驿

第一节　隋唐邮驿的组织与管理 …………………… 60
隋唐邮驿概况 …………………………………… 60
隋唐的邮驿组织 ………………………………… 65
邮驿组织的任务 ………………………………… 66
隋唐时期的驿和馆 ……………………………… 70
驿丁、驿夫与驿马 ……………………………… 73

第二节　发达的隋唐邮驿 ………………………… 75
完善的隋唐邮驿制度 …………………………… 75
种类繁多的邮驿服务和通信方式 ……………… 78
发达的唐朝私人逆旅 …………………………… 80
唐朝少数民族地区的邮驿 ……………………… 81

第五章　宋元时期的邮驿

第一节　宋代邮驿的组织与管理 ………………… 84
宋代馆驿 ………………………………………… 84
步递、马递与急脚递 …………………………… 86
斥堠铺与摆铺 …………………………………… 89
铺兵 ……………………………………………… 91
驿券与檄牌 ……………………………………… 92
宋代邮驿管理 …………………………………… 95

第二节　宋代的驿递分布和网路 ………………… 97
北宋的驿所分布和网路 ………………………… 97

南宋的驿所分布和网路 …………………………………… 97

宋代的递铺分布和网路 …………………………………… 98

第三节　宋代邮驿的发展与衰落 …………………………… 99

宋朝驿道的发展 …………………………………………… 99

邮驿制的军事化 …………………………………………… 100

"宾至如归"的宋代馆驿 …………………………………… 102

古代完整的通信法规——《金玉新书》 ………………… 103

"私书附递"的法律化 ……………………………………… 104

南宋邮驿的衰落 …………………………………………… 106

第四节　辽、西夏、金的邮驿 ………………………………… 108

辽朝邮驿 …………………………………………………… 108

西夏邮驿 …………………………………………………… 110

金朝邮驿 …………………………………………………… 110

第五节　元代驿站的兴亡 ……………………………………… 112

元代的驿站设置 …………………………………………… 112

元朝"驿使"和"铺马札子" ……………………………… 116

元代驿站网路 ……………………………………………… 117

元代驿站的组织体系与管理 ……………………………… 117

元代驿站的衰亡 …………………………………………… 120

第六章　明清时期的邮驿

第一节　明代邮驿的组织与管理 …………………………… 126

水马驿及递运所 …………………………………………… 126

龙场九驿 …………………………………………………… 129

非军国重事不许给驿 ………………………………… 131
　　张居正的驿制改革 …………………………………… 132
　　明代邮驿的管理 ……………………………………… 134

第二节　清代邮驿的组织与管理 …………………………… 137
　　清代邮驿的组织形式 ………………………………… 137
　　清代邮驿的管理 ……………………………………… 140
　　驿站的人、财、物管理 ……………………………… 142

第三节　清代邮驿的发展与衰落 …………………………… 147
　　清代"邮"、"驿"的合并 …………………………… 147
　　清朝边疆邮驿的开辟 ………………………………… 149
　　清代邮驿的弊端 ……………………………………… 150
　　旧式邮驿的衰败 ……………………………………… 152

第七章　古代邮驿写真

第一节　有趣的古代邮传方式 ……………………………… 154
　　流传千古的鸿雁传书 ………………………………… 154
　　千里牛和驼驿 ………………………………………… 155
　　空中通信 ……………………………………………… 155
　　水电报 ………………………………………………… 157

第二节　古代民间通信 ……………………………………… 158
　　先秦时期的民间通信 ………………………………… 159
　　两汉魏晋南北朝时期的民间通信 …………………… 161
　　隋唐宋元时期的民间通信 …………………………… 162
　　民信局的产生 ………………………………………… 165

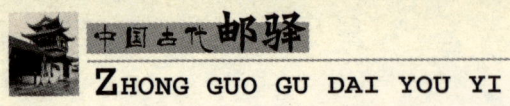

侨批局的产生 …………………………………… 166

🌸 **第三节　驿吏驿卒生活写真** ………………………… 169
　　历史上的第一次驿夫起义 ……………………… 169
　　邮驿路上的闹剧 ………………………………… 171
　　"站户"的悲惨生活 ……………………………… 174
　　官卑未有如驿吏 ………………………………… 175

参考书目 ……………………………………………… 182

第一章

先秦邮驿：初步发展，日趋完备

　　我国是世界上最早建立传递信息的组织的国家之一，邮驿历史长达三千多年。原始社会已出现了以物示意的通信，夏、商、周、春秋战国时期的奴隶社会发展为日趋完备的早期的声光通信和邮传。

第一节
简单原始的上古邮驿

我国古代通信，有着悠久的历史。据《古今注》记载，尧曾经"设诽谤之木"。这种木制品，形似后世的华表，是用一根横木交叉在柱头上，设置在各路的交通口，既可作为路标，又可以在上面书写对政府的意见。这大约是我国有文字记载以来最早的向上表达意见的一种方式，也可以认为是上古时代原始形式的上书通信。尧为了鼓励人民提意见，还曾设置了木鼓，任何人都可以以

《古今注》书影

击鼓的方式来表达自己的建议和不满。这种方式与至今尚在非洲大陆流行的"鼓邮"颇为相似，鼓手能在两面或多面鼓上将不同的意义以不同的声音和节奏表达出来，以起到邮传通信的作用。

原始社会居民的通信活动各种各样，有的活动颇为有趣。比如，云南的佤族，直到新中国成立前还进行着原始的木刻通讯联络。如甲乙两寨发生了纠纷，甲寨便命人给乙寨送去一个木条，在木条上方刻两个缺口，代表甲乙二寨；下方刻三个缺口，表明乙寨在三日内前去甲寨和解；如果前面再刻一斜角，则表示事情非常紧急，不可延误。

古代世界的邮政

世界上许多国家都在邮政方面有着悠久的历史。公元前6世纪时，波斯

第一章 先秦邮驿：初步发展，日趋完备

帝国国王大流士以京城苏撒为中心，开辟了一个四通八达的驿道通信网。驿道十分宽敞，沿途设有驿站，随时有信差备马以待，把国王的命令传达到帝国各省。通过这一通信网络，国王也能源源不断地收到全国各地的消息。从苏撒到小亚细亚西端的萨底斯，全程有3000千米。通过驿站信差们的日夜分段传递，信息在7天内就可以传达到目的地，可见其效率之高！所以，古希腊史学家希罗多德用格言的形式，写下了当时波斯驿站的效能："不管雨雪纷飞，不管炎热难当，不管黑夜朦胧，信差们都要以最迅速的方式完成任务，把文件投递到所指定的地方。"人们常说"条条大路通罗马"，是说古罗马的首都有着连接四方的宽阔大道。在我国的史书《后汉书·西域传》中，曾提到过古罗马"列置邮亭"的情况，大秦，人庶连属"十里一亭，三十里一置（即驿），终无盗贼寇警"。各国使者进入其境，都可直接乘驿达其王都。据统计，公元2世纪时，罗马境内共有372条驰道，总长度达8万千米。这些大道也是驿道，把各地的信息及时地传送到罗马城。

关于古代传递信息的情况，马拉松的故事可能是最生动的了。公元前490年，强大的波斯军队在希腊雅典东北的马拉松附近登陆，对希腊进行侵略。雅典只有11000人的军队，抵挡着数倍敌人的进攻。希腊将士同仇敌忾，在统帅米太雅得的英明指挥下，希腊军竟出乎意料地取得了辉煌胜利。因为这场惊心动魄的战斗，关系着雅典人民以至于全希腊的生死存亡，所以当激烈交战时，雅典人都聚集在雅典城的中央广场，翘首等待捷报的传回。前线统帅米太雅得为了让大家尽快听到胜利喜讯，派出了快跑能手斐力庇第斯跑回雅典报信。当时斐力庇第斯还有伤在身，但他毅然接受了任务。当斐力庇第斯满身血迹、精疲力尽地出现在雅典人民面前时，他激动地高喊了一声："欢乐吧，我们胜利了！"便倒地牺牲了。这个古代英勇信使的故事流传了2000多年，雅典人民世代流传着他的故事。人们为了纪念他，在奥林匹克体育运动会上，规定了一项马拉松长跑竞赛的项目，并把战场至雅典的距离定为马拉松竞赛的长度。

公元前500年，在古代波斯有一种叫"小马快递"的邮务。这种投递书信的方式，与我国古代的"马递"极为相似，是用一种良种快马，选用最精干的邮差，将军事书和信件以最快的速度传递到目的地。过了将近2000年，这种邮政业务在美国东部城市一度风行，小马快递的驿夫单人匹马，荷枪实弹，艰难地来往于驿路上。那时，从纽约发一封信到旧金山，需要20天以上

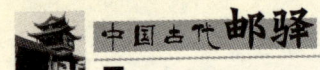

才能到达。

上边说的古代一些国家的通信方式，既有用快马传递的，也有用急行人传递的。而我国古代的邮政，却有着自己的独特形式。在我国古代，把邮政叫做"邮驿"。"邮"是指古时边陲地区传递书信的机构。"驿"在古代即指传递官方文书的马、车。

自周秦以来，每个朝代的邮驿又各有不同的称呼：周代称"传"或"驲"，春秋战国称"遽""邮"或"置"；秦时统一叫"邮"，汉代叫"驿"，魏晋时"邮"、"驿"并称，唐时又把"驿"叫做"馆"；宋时则出现了新的名称"急递铺"，元又有"站赤"之称；明代又把元时的站统称为"驿"，清时将"邮"、"驿"合二为一。现在习惯上把我国古代的邮政，简称为"邮驿"，或称为"驿站"和"邮传"。

禅让时代的"喉舌之官"

在我国古代的尧舜时期，尧时很注意道路的修整。为了使交通更为通畅，他在都城平阳（今山西临汾一带）修了一条通衢大道，称为"康衢"，后世改此地为"康庄"，这就是现在我们常说的"康庄大道"的来源。道路的宽广，说明了那时信息的传递较为迅速方便。

到舜的时候，他将"诽谤之木"采纳意见的方式，作为一种政治制度沿用下来。舜设有专司通信的官。司马迁《史记》中说，舜曾设置22名"纳言"的官，"明通四方耳目"。这些官员被称为"喉舌之官"，他们"夙夜出入"，到各地听取民间意见，并把舜的意图传给大家。实际上，他们就是当时起上通下达作用的通信官吏。纳言制度，也就是上下交流意见的有组织的通信活动。

上古时期，人类究竟是用什么样的方式来通信的呢？史书上没有留下详细的记载。但是，民俗学研究的成果告诉我们，原始社会的居民，确实已经在进行各种各样很有趣的通信活动。考古学家们在青海乐都柳湾发现了古人通信的痕迹。那里原始遗址出土的记事骨刻，将骨头上刻上缺口用以记事，与佤族进行的刻本传信方式十分相似，说明距今数千年前母系氏族时代的我国原始居民已经有了简单的通信活动。

第二节
日趋完备的夏商周邮驿

夏商周邮驿概况

传说,夏禹治水时,大禹"陆行乘车,水行乘舟,泥行乘橇,山行乘樏,行山刊木"。到了夏王朝时,交通工具比以前发达了很多。古书上说"夏后氏二十人而辇",意思就是用20个奴隶拉着大车子。随着交通工具越来越发达,通信也比以前更为方便。这时,人们的通信活动也比以前复杂化了。每年三月,被称为"遒人"的宣令官手执木铎,在各交通要道宣布政府的号令,这是我国早期下达国家公文的主要方式。

从夏朝到商朝,信息传递得到了极快发展。商朝的道路交通网络比夏朝时有了大大扩展,而且还有严格的制度来对道路进行管理。商朝已有专门传递信息的信使。商王出行时,往往身边都要跟随几个人,供他随时向臣下发布命令。为了旅途方便和防止不测,商朝政府还在通衢大道沿线设立了许多据点和歇宿之处,这就形成了商朝最初的驿站制度。起先这些据点称为"堞",大约是用木栅墙筑成的防守工事。后来,这些堞发展成为"次"。"次"是止舍安顿的意思,后逐渐发展成为旅舍之类。再后来,又在此基础上正式建立"羁",即"过行寄止者",是商王朝专为商王、贵族建筑的道边旅舍,不仅供止宿,而且供应饮食。

商朝时还没有分段递送信息的常设的驿传之制,消息命令一般都由一个专人传送到底。所以,信使行途极为艰辛,有时还会遇上盗寇蛇虫的伤害。有一个年迈的信使,在路上走了26天,行了300公里的路,还没有到达目的地就死在路途上了。有的驿使行程更长,有一片商王祖庚时的甲骨卜记载,有一位驿使从一天的黄昏时分起程,共赴了48天时间,其行程达600公里左右。

西周是我国奴隶社会的鼎盛时期,在这个时期,我国各种制度开始完善,邮驿制度在此时形成了一个比较规整的系统。西周时,政府特别重视对道路的修整,还设有专管道路的官员,称为"野庐氏",负责筹办京城500里内所有馆舍的车马粮草、交通物资;保证道路畅通、宾客安全;负责安排白天轮流值班和夜间巡逻之人;还要及时组织检修车辆、平整道路等。

西周时的邮驿制度已经比较完整了,各种不同的文书传递方式有着不同的名称:以车传递称为"传",这是一种轻车快传;一种称为"邮"的,在周代主要指边境上传书的机构;还有一种叫做"徒"的,则为急行步传,让善于快跑的人传递公函或信息。

在西周的邮传驿道上,设置了沿途馆驿,负责用品供应和交通凭证以及道路管理。负责日常通信事务的司寇下还有一系列专门人员,有大行人、小行人、行夫等。其中行夫是管理来往信件、信使的具体执行官。

西周时,已将烽火通信正式作为一种军事上的制度。最早的时候,人们在道口田陌之间,竖一大木,在上面挂一些布帛等物品,可使信使和行路人在很远的地方就知道驿馆所在,古文里称之为"邮"。这一设施后来逐渐成为防护堡垒,其后发展成为烽火台,台上堆着柴禾和狼粪,用火点着发出狼烟,无风笔直上升,在很远的地方都能看到。到晚上,在台上架起桔槔,上置大休息站,叫做"委"、"馆"或"市"。当时国家大道沿途,10里设馆,馆内备有饮食;30里有宿处,称之为委;50里设市,市有候馆,接待来往信使宾客。有一些讲究的馆、市,是为来往的各地高级信使准备的。这些馆、市,设备考究,有楼厅和浴室,信使可以在这里充分休息,解除旅途的劳累。

西周政府里有一套邮驿通信官职系统,这个系统是用来自上而下传递消息的。在天官冢宰的统一领导下,由秋官司寇负责日常的通信,夏官司马负责紧急文书,地官

古代邮驿图

第一章 先秦邮驿：初步发展，日趋完备

司徒负责内装柴草的铁笼子。遇有紧急情况，点着后形成高耸入云的大火把。从京师到边境，每条大道都建起一座一座烽火台，专门派人守望。边境告急，消息会很快传到京师；京师遇难，消息又会从都城传到边关。这种烽火通信系统在我国古代十分有效，从西周到汉朝，一直沿袭使用。

当然，也不乏一些反面事例，周幽王"烽火戏诸侯"的故事，就是一个很好的例子。周幽王是西周最后一个国王，昏暴异常，办事荒唐。他纳了一个名叫褒姒的美女为妃。褒姒终日不笑，幽王为了取悦于她，于是便想出了烽火戏诸侯的办法。他命令兵士们在镐京东郊的骊山点燃烽火，擂起大鼓，谎称京城告急。周围各路诸侯都急急忙忙前来援救，有的诸侯将官连衣冠都没来得及穿戴整齐，便火速赶到。褒姒和幽王看到他们的紧张与狼狈之状，在瞭望台上哈哈大笑。诸侯们知道上了当，以后幽王点燃烽火，便再也无人前来。这个故事从侧面说明，西周末年烽火通信已经成为国家固定的通信制度。

古代驿站

夏设"车正"专管车旅交通

据司马迁《史记·夏本纪》记载，"当帝尧之时，洪水滔天"，"用鲧治水九年，而水不息"，鲧被处死。"舜举鲧子禹而使续鲧之业"。禹治水"居外十三年，过家门不敢入"，"陆行乘车，水行乘舟，泥行乘橇，山行乘檋"，终"告成功于天下"。"帝舜崩"，"禹于是遂即天子位"。从禹之子启起，在我国历史上出现了一个父传子、子传孙的"家天下"的朝代，即夏朝。

夏朝设有"车正"，专管车旅交通。车旅交通方便，彼此之间的通信活动自然就会更频繁了。

史载大禹治理水患后，把全国划为九个州，修整了九条宽广大道。以后，夏朝统治者规定了定期整治清除大道的制度。《夏小令》中称为"九月除道，

十月成梁"，是说每年秋九月全国有一次扫除道路的任务，十月则修治桥梁。这说明，夏王朝对交通管理已十分重视。正因为道路通畅，夏朝的命令才下达得迅速有效。《史记·夏本纪》说，夏王朝统治区东到大海，西至大漠，"声教讫于四海"。

夏朝建立了奴隶主统治的国家机构，设有"牧正、庖正、车正"。牧正管理畜牧，庖正管理膳食，车正管理车旅。夏代中期，商人驯服牛马，用于交通和生产，较大地发展了生产力。此外，还建立了军队，制定了刑法，修建了监狱。

夏代建立了奴隶主统治的国家机构，阶级斗争复杂，战乱不断，又有了贸易，有了原始文字。因此我们可以想见，传达奴隶主的命令，调动各方劳动力的通知，以及相互通达信息的各种通信活动是必然会与时俱进、越来越发达的。

神话中的商纣"声光"通信

古代神话中有一段关于商纣王使用烽火的记载，证明我国3000年以前就已经出现了"声光"通信。据王子年写的《拾遗记》记载，昏暴的纣王想要吞并邻国诸侯，命令宠臣飞廉到附近邻国去搞颠覆活动，并在当地点燃烽火向纣王报告。纣王登台看到了烽火起处，立刻率兵进攻，灭掉那个国家，俘掳其民，抢掠其妇女，供己淫乐。他的这一行动让天神极为愤怒，天神派神鸟下凡，口中衔火如星之照耀，以惑乱飞廉的烽火之光，致使纣王找不到目标，茫然无措。商纣只好停止了攻伐邻国的活动。从这段神话中我们可以知道，我国在商朝末年就可能已经在使用"声光"通信技术了，比后来周幽王烽火戏诸侯还要早400多年。

据甲骨文记载，商纣王时期，已经普遍利用了音传通信的手段。史学家郭沫若和陈梦家曾在自己的甲骨文专著中，几次引到"鼓"这个词。郭沫若说此词"读若戚"，"其字形像于鼓"，好像旁边有人跪而戍守（《卜辞通纂考释》第431、512、513片）。陈梦家对此作出了进一步解释：这是古代的击鼓之人。通过响亮的鼓声，"边地诸侯报告敌国之入侵"。这是一种古代的边报。此字的频繁出现，说明早在商期末年，有组织的音传通信活动就已经出现了，而且当时的边境地区已经在广泛使用。

第一章 先秦邮驿：初步发展，日趋完备

完备的西周邮传

西周是我国奴隶社会的鼎盛时期，邮驿制度在此时形成了一个比较规整的系统。西周时，政府特别重视修整道路，《诗经·小雅·大东》上有"周道如砥，其直如矢"的形容，即是说，大道平坦似磨石，笔直像箭杆。

周王朝在国都镐京和东都洛邑之间，修建了一条十分宽阔的大道，号称"周道"，又称为"王道"。数百年后墨子对这条大道作出了评论："王道荡荡，不偏不党；王道平平，不党不偏。其直如矢，其易若底。"意思是周道坦荡宽阔，平直易行。按照周制的规定，京都的王道，应宽九轨。一轨为1.8米，九轨约合16.3米。在这样宽广的路面上行走，自然是又方便又迅速了。除王道以外，周朝还修了几条通往大诸侯国的通道。例如从洛邑通往鲁国，称为"鲁道"，也相当宽阔，《诗经·国风·齐风》颂它曰："汶水汤汤，行人彭彭。鲁道有荡，齐子翱翔。"意为：汶河不停地流淌，鲁道上行人来来往往。在这条平坦大道上，东方的齐鲁国人自由翱翔！道路的平直加上车辆的进步，自然提高了行路的效率。据说，西周周穆王驾着八匹高头骏马拉的轻车，日行千里。这个说法虽然有些夸张，但从正式史书《左传》的记载看，一天行车260里大致是没有问题的。

从史料看，西周的通信邮驿是有很高效率的。《尚书》曾记载了周初的一件史实：武王去世时，由周公辅政成王即位。周公命召公去经营洛阳新都。

烽火台

新都建成前后，周、召二公之间靠着传递两地公文的信使有着许多通信来往。当时，史书上把这种信使称为"使"或"伻"。还有一个故事，说周公被封于鲁，姜尚封于齐。姜尚到齐后不讲政策，将当地两个不服管治的贤士给杀掉了。周公闻听此事后，立刻乘"急传"赶到齐都临淄，制止了姜尚的专断行为。正是因为当时有了畅通的驿路，才使得周公能够如此迅速地制止姜尚。

当然，这仅限于西周的中心地区，边陲地方的通讯联系却没有如此方便。比如据史书记载，西周初年，今两广和越南地区的越裳氏来朝，因为山川险阻，道路遥远，他们担心到达不了镐京，便同时派出了三队使臣，分头前来，最后这三队使臣都抵达了周朝，使周公十分感动。后来，周公派人送他们回去，历经一年多时间才得以返回。可见，那时南方大部分地区道路并不通畅，通信也很困难。

知识链接

烽火传军情

"烽火"是我国古代用以传递边疆军事情报的一种通信方法，始于商周，延至明清，相习几千年之久，其中尤以汉代的烽火组织规模为大。在边防军事要塞或交通要冲的高处，每隔一定距离便建筑一高台，俗称烽火台，亦称烽燧、墩堠、烟墩等。高台上有驻军守候，发现敌人入侵，白天燃烧柴草以"燔烟"报警，夜间燃烧薪柴以"举烽"（火光）报警。一台燃起烽烟，邻台见之也相继举火，逐台传递，须臾千里，以达到报告敌情、调兵遣将、求得援兵、克敌制胜的目的。在我国历史上，还有一个为了讨得美人欢心而随意点燃烽火，最终导致亡国的"烽火戏诸侯"的故事。周灭商后建都镐京，历史上称作西周。初期，周王为巩固国家政权，先后把自己的兄弟、亲戚、功臣分封到各地作诸侯，建立诸侯国，还建立了一整套制度，使农业、手工业、商业都有了一定发展。

第三节
不断完善的春秋邮传

周幽王平庸无道，犬戎乘机入侵，周平王被迫于公元前770年东迁洛阳（王城），拉开了春秋时期的序幕。春秋时期战争频繁、动荡不定，但同时这也是个思想活跃、百家争鸣、新事物不断涌现的时代。在通信方面，开阔的大道，宏大的馆舍，网路的形成，几乎全是在这一时期内完成的。据考证，春秋时的邮传已"北通燕蓟，南通楚吴，西抵关中，东达齐鲁"。不仅是以周王朝为中心的通信有了发展，而且各个较大的诸侯国也都以其都邑为中心，将自己的通信网不断改进完善。这些都与王权的低落与各地区政治、经济、军事的强盛有着密切关系。

春秋邮驿概况

春秋时期的邮传具有以下几个特点。

1. 列国间的联系有所加强

春秋时期，周王与各诸侯国的联系更为密切。其中一个因素是成周居中，四通八达；另外还有一个因素是，春秋的大国要想称霸，也必须利用周王的威望。所以，诸侯的朝觐，专使的聘问，都比西周时期要多出很多。传世的春秋铜器恒子孟姜壶，就是齐国的田氏乘上传车到周向春官宗伯请示汇报时，鉴于此事意义重大，以致必须铸器以作纪念。

当时，不仅周与各诸侯国的联系加强了，各诸侯国之间的横向联系也空前频繁。除了朝贡外，还有会盟和聘问。据不完全统计，春秋时仅较大的会盟就有187次之多，各地诸侯相聚一堂，这些都是以发达的通信组织事先联络为基础的。至于聘问，也不单是国与国之间相互派出的使臣，还有一些官员间的重要通信也要靠专使传递。最著名的是郑国的子产派出"执讯"（通讯问之官）专差前往晋国给赵宣子送信，这是大夫之间的通信。在诸侯国内部，奏报、请示更需要通信，文书要盖上发信人的官印，称为玺书。如《国语》说鲁国季武子攻取卞，派大夫季冶送书给鲁襄公，就是盖上大夫印章的玺书。

2. 交通有了很大改善

各诸侯国都加强了对道路的整治，很少会出现出聘使找不到路或路面很差的情况了。此时的道路以车的宽度为标准，大致可分为五种：径（可通牛车）、畛（可行大车）、涂（一轨宽，乘车八尺宽为一轨）、道（二轨宽）、路（三轨宽）。还设有专门管理通路的官员，清除杂草，准备饮食草料。道路两旁还植有树木，"列树以表道"。

一个国家的道路修整得好不好，同时也反映了这个国家的兴衰状况。公元前601年，周王派人出使宋、楚，路经陈国（今河南淮阳），看到陈国道路不修的一片窳败景象，就发出了陈国必亡的预言："今陈国道路不可知，田在草间……是弃先王之法制也"，"道茀不可行，候不在疆，司空不视途，泽不陂，川不梁，野有庾积，场功未毕，道无列树，垦田若蓺，膳宰不致饩，司里不授馆，国无寄寓，县无施舍。"两年后，陈侯被杀，陈灭于楚（《国语·周语中》）。

春秋以后，各国间的通信逐渐变得频繁，交通得到了迅速发展。如东西向的干线有两条：一条从秦国出关经今河南灵宝、三门峡、渑池到周王都，经滑国到郑国，由郑国可东出曹、宋、陈等国；一条是从秦都雍到晋都绛，向东经今济源、温县、获嘉进入古河内地区，东北行经卫国进入五鹿（今内黄县），东行经今山东莘县、平阴、济南到齐国都城临淄。除此之外，还有很多南北向的交通干线，如从秦向南经今商南、西峡、淅川到均县（古"临品"），向南到楚都郢；从郑国北上原阳、延津、五鹿到燕国，从郑国往南经新郑、叶县、南阳（古"申"）至楚国等。

"因国而异"的邮传组织

因为通信使者的来往十分频繁，在干线道路上设置馆、遽就必不可少了。如春秋霸主齐桓公，他在齐国的大路上每30里设一个遽，在这里储备"委"以供来往使者使用。使臣一到，遽的负责人要派手下人准备车辆，装载行装，休息时让人替使者喂马，替使者准备食物，并发给通行证即"别契"，估计是剖而分成两半的符传。一般国家在道上设馆没有标准的距离，可能在30里至50里之间。"馆"是供使臣休息的地方，馆人地位低下，有的还是"隶"。如晋文公重耳"肢解"了曹国后，通知其他各国前来瓜分。鲁国使臣从曲阜出发，半路上就休息在重馆（今山东金乡东南），馆人向使臣提出建议，立下大功，因而被解除隶的身份，爵以大夫（参见《国语·鲁语》）。从这个例子可以看出，馆人之所以能够十分精辟地分析问题，就是因为他消息来源很广，虽不直接承担通信，但可通过接待过往使者了解各国大势。

春秋各国的通信组织也没有统一的名称，有的叫遽，有的叫邮。齐国的通信组织就是遽。《管子》一书对遽的组织、任务、制度介绍说："三十里置遽委焉，有司职之。从诸侯欲通，吏从行者，令一人为负以车；若宿者，令人养其马，食其委；客与有司别契，至国八契。费义数而不当，有罪。凡庶人欲通，乡吏不通，七日，囚。出欲通，吏不通，五日，囚。贵人子欲通，吏不通，三日，囚。"

由此可见，在春秋时，遽是一种通信组织，不单指传车或快马。吴国在边境上的通信组织当也是遽，紧急情况下由遽派出专人赶到吴晋争盟的地点黄池（今河南封邱南）。《国语·吴语》说："吴王夫差……以会吾公午于黄池。于是越王勾践乃率中军沂江以袭吴……吴晋争长未成，边遽乃至，以越乱告。"此处所说的"遽"，似乎不应该将其理解为传车。至于另一处所提的"徒遽来告"，当也应为遽派出的步传士卒，不一定理解为传车。

当时各国的情况各不相同。楚在吴楚边界上设候，关口为关吏，伍子胥过昭关时所遇到的就是这种。春秋时还出现了一个新事物，那就是邮，可能更多的诸侯国把边境内外传递信件的机构设施叫作邮，把具体负责传递的人叫作邮人，邮人地位低下。

"邮"字也可以代用为信件物品的传送。如《孔子家语》中说，孔子相

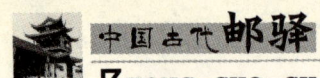

鲁政绩卓著，鲁人赋诗颂之，想赠送华美的衣物饰件，可惜"无邮"没法送出。到战国初年，各国将邮和边亭结合起来，称之为"邮亭"。

多样化的通信手段

春秋时期的步递有很多种，包括邮人、徒遽等等。吴晋会盟时，吴的"边人"相告，接踵而至，连续七人前来报告军情，吴王怕会盟受到影响，于是把他们全杀了（见《左传》）。边人、边遽可能类似《周礼》上所说的虎士，战乱时维持通信，无论多远的距离都只能靠步递。

春秋时主要的通信工具是车传。车有两种，一为传车，一为驲。车传主要是供使者乘坐，用来征召大臣，通报紧要事项，如"告命"、战争等的交通工具。如晋用传召伯宗，御车人说："传为速也。"又如鲁哀公欲与齐、邾会盟于齐地，来到齐界后，齐臣说将"传遽以告寡君"，在齐君答复前请先"除馆"休息（以上均见《左传》）。驲也是一种传车，只不过这种传车是供级别较高的人员乘坐的，也在通信中使用。如晋文公听说国内要发生动乱，有奸臣要谋反弑君，立即乘驲前往秦国报讯，可见仍是传车性质（见《国语·晋语》）。

单骑通信和接力传书的开始

春秋时期，各诸侯国日益强大，他们各自在自己的统治范围内，对农业、手工业和商业进行大力改革，使经济得到迅速发展，也进一步完善了通信设施。西周中央王朝和各诸侯国都争相建设国道、通信设施和邮驿馆舍。鲁国在庄公、襄公时期，为了接待周王室和各国的诸侯信使，几次修筑"王姬之馆"和"诸侯之馆"。北方的燕国虽然比中原发展得晚，但春秋时道路和邮驿也很快发展起来了，境内大道沿途庐室林立，馆舍整洁，大路两旁还种着树木，打有水井。信使传递消息十分方便，"夜可以寝，昼可以憩，有井以备饮食，有舍以为藩蔽"。

春秋时期的驿道十分发达，驿传制度是否完善已经成为了衡量一个国家文明程度的标准。著名政治家子产，高度评价晋文公邮驿的成就："文公之为盟主也，宫室卑庳无观台榭，以崇大诸侯之馆。库厩缮修，平易道途。馆室

第一章 先秦邮驿：初步发展，日趋完备

诸侯宾至，甸至庭灯，仆人巡官，车马有所宾从。"（《左传·襄公三十一年》）晋文公不修宫室台榭，却把钱大量用在整治各国信使的宾馆马厩上，道路整齐平坦，客人到来沿途灯火通明，仆役随时服务，把贵客的车马都安排得很周到。正因为春秋时期各国交通、馆舍和通信事业的发达，才有可能使得当时许多会盟得以成功举行。

《春秋》左传记录过"乘遽"

单骑通信和接力传递的出现，就是这个时期邮驿制度的重要发展标志。这是我国邮驿制度史上的一次重大转变。

单骑快马通信的最早记载是郑国子产的"乘遽"。据《左传》记载，公元前540年秋天，郑国公孙黑叛乱，正在都城远郊办事的相国子产闻讯，立即赶回。因为怕乘普通的车无法赶上平乱，他临时乘了单骑的"遽"归来，这个"遽"便是那时邮驿中新出现的速度最快的单骑通信。

接力传递的最初记载，也出自《左传》，那是在鲁昭公元年（公元前541年），秦景公的弟弟铖去晋，在秦晋间开通了一条邮驿大道，每隔10里路设置一舍，每辆邮传车跑10里后便交给下一舍的车辆。这样一段一段地接力，共历百舍即达千里，可以南自秦国的都城雍（今陕西凤翔）直达晋国的都城绛（今山西绛县）。这样的接力运输和传送信件方式，其速度远不是单程车传可比的。

不过，这两种先进的邮传方法，开始仅仅只在少数情况下使用，到春秋晚期才逐渐普及。当时的大部分场合，采用的还是"传车"和"驲"这两种传统通信手段。

"祁奚乘驲"是春秋时代邮驿发达的一个实例。祁奚是晋国的老臣，公正无私，"外举不弃仇，内举不失亲"，大家都十分敬重他。大臣叔向受到政争的牵连，被晋王囚禁起来。叔向希望祁奚能出来求求情。祁奚闻知此事，立即"乘驲"赶来晋见当政的范宣子，向范宣子证明叔向是既能谋而又少有过错、多惠于人的贤臣，要保证"社稷之固"，就应当十次赦免他。范宣子终于听从了老臣祁奚的意见，赦了叔向的罪。而《左传》上"祁奚乘驲而见宣子"的名句，也就成为春秋史上的佳闻。这一记载，也成为中国邮驿史极为

珍贵的资料。

春秋时期，战争频繁，有时还可以用"驲"来迷惑敌人。有一个著名的"楚子乘驲会师于临品"的事例：南方的小国庸乘楚国闹饥荒而纠集一些小国攻楚，楚的处境十分困难。楚国国君采取麻痹庸国的战略，故意先打几个败仗，同时秘密从各路调军。楚君乘坐了平时用作传信的"驲"亲临前线，约定各路将领在临品（今湖北均县东南）会师，攻伐庸国。庸国被"驲"车所迷惑，对战争毫无防备，所以很轻易地就被楚国打败了。庸人对驲习以为常，我们可以从这个现象中看出当时这种通信工具已经在南方用得很普遍了。

春秋时传车通信有着很高效率。当时除楚之外，处在南北交通要冲的郑国通信设施也相当完备。著名的弦高犒师的故事就是一个很好证明。弦高是郑国的一个商人。有一天，他正走在路上，突然发现了秦国偷袭郑国的秘密部队。弦高为了保卫自己的国家，想出一条妙计，谎称自己是郑国派来犒劳秦军的使者，给秦军送上四张熟牛皮和十二条牛，把秦军稳住；同时，利用边界上设置的传车连夜向郑国送去紧急情报，让国君赶紧准备对策。结果，秦军误以为郑国早有准备，未敢贸然行动。郑国国君从边防邮驿获得情报，派来使臣到秦国驻军处交涉，严正指出秦军的不正当偷袭行为。这次秘密军事行动就这样消失于无形。这件事发生在公元前626年，说明在公元前7世纪时，我国中原地区的通信设施便已经有了很高效率，能够迅速、及时、准确地把边防消息传递到国家的政治中心。

春秋时期，声光通信还在发展中，越来越多的军事家们开始广泛采用这种通信技术。当时著名的军事家孙武，在自己的兵法中把金鼓与旌旗喻为"一人之耳目"，而他的后辈孙膑更明确指出，在发现敌情时，"夜则举鼓，昼则举旗"，这其实就是对声光通信的利用。

这种声光通信，在战国时大思想家兼科学家墨子的著作中也曾有过记载。据《墨子》记载，战国时的一些堡垒，常常竖上大旗杆做目测标志，又以大鼓声作为耳听信号。根据战况的不同，举起二旗至六旗，鼓声则从三声至八声。敌人越攻至近处，旗鼓越多。到夜间，则用"五烽五鼓"，即燃起五处烽燧，敲大鼓五次（《墨子·杂守》）。

声光通信也曾闹过一次很有趣的笑话：据《韩非子》记载，有一天，楚厉王喝得酩酊大醉，在宫中擂起了大鼓，弄得都城人心惶惶，以为有什么重要军事行动或有重大敌情，便纷纷拿起武器集结在王宫门前。结果弄得楚厉王很尴尬，只好出来向大家道歉，让大家虚惊一场。从这个故事中我们可以看出，那时楚国在利用声光通信方面就已经有了很高效率。

第四节
空前繁忙的战国邮驿

作为封建社会的开始，战国时期社会经济迅速发展，通信事业也取得了巨大进步。以东周王都洛阳为中心，东至齐鲁，西到关中，北抵燕赵，南达吴楚，四通八达，都有驿道相通。因为当时诸侯国频繁角逐，一批批说客谋士经常在各国间游说谋划，这就使得邮驿变得异常繁忙。

随着卿大夫势力的扩大，战国时期还出现了若干由大贵族个人兴建的驿馆传舍。这些驿馆既可以作为他们私人的驿传设施，也可用来聚养大批为他们出谋划策的宾客。除此之外，一般商贾开的旅舍也开始大量出现。战国时期的史料记载了许多名人居住在邮驿、馆舍、逆旅的事，如著名的纵横家张仪、赵国名相蔺相如，都经历过传舍、逆旅的生活。

简书与符信的时代

战国时期，简书与书信的风行也是邮驿通信繁忙的标志之一。

在纸张尚未发明之前，商周时期的甲骨文已被淘汰，逐渐兴起的是竹木制作的简书通信。简书是把书信或文章刻写在竹木简上，最早出现于西周时期。《诗经·小雅·出车》上便有："王事多难，不遑启居。岂不怀归？畏此简书。"意为：国事多艰，周王得不到安宁。我岂不想早日归乡？害怕的是政府又发来军事文书。这里的"简书"就是指的竹木简书信。战国时期，大凡日常公文、官吏奏报、官方通信、说客上书，全用简牍。简信一般字面向内，

捆上加封，长信则把简片用皮条连系成册，卷成一卷，装外加封。这样的公文书信，比以前的甲骨文要方便很多。

符信是通信的信物，即通行的凭证，有符有节。节可以证明身份，供使者或商人在路途中使用。持有此节者，沿途住宿伙食一律由传舍供给。在湖南长沙出土过一枚战国时的铜节，其形如马，又称"铜马节"。据古文字学家于省吾考证，这是作为"骑传侯"的身份证明。"骑"是单骑通信的称呼，"传"指"驲"这种华贵的传车，"侯"则是指掌管骑传的官名。"骑传侯"是专门管理车传和马传的专职官吏。有了这一份证明，就可以在邮驿大道上畅行无阻了。符与节的作用是不同的，大半是军事凭信，也可作为国家治安所规定的通行证件。一般来说，符分左右两半，一半为国王所持，另一半发给带兵将领，调兵时把两符相合，以为验证。

战国时期，驿途上还有一种称为"封传"的证件。据《史记》载，孟尝君从秦国被释放回齐国时，秦昭王后悔了，想派人把他追回来，但孟尝君已经乘快车逃跑了。他更换了"封传"，变换姓名，夜半混出了函谷关。秦昭王命快速邮车迅速追赶，最终还是没能追上。据考证，这种封传就是后来的驿券，是一种在驿道上行驶的证明。

铜节

战国时期，很多诸侯国都使用了符信。1957年在安徽寿县曾发现"鄂君启节"，就是楚怀王发给鄂君启的水陆通行符节。节为青铜制，有两组，每组原为五枚，合之成竹筒状。上面有错金铭文，写着持节者所拥有车船、通行路线等事项。持此节者，在沿途各驿站可以免费食宿。

战国时期，符节有很多名称和种类。按其用途分类，有路节、门前符节等。而从形状讲，则有鹰节、雁节、龙节、虎节、马节、熊节等。

战国时期有一个"窃符救赵"的故事。说的是战国末年，秦国重兵包围了赵国首都邯郸，赵国平原君写信向魏国信陵君求救，信陵君几次请求他的胞兄魏安釐王出兵，但都没有得到答复。信陵君在魏王宠妃如姬的帮助下，盗出虎符，夺得兵权，率领八万精兵救了邯郸之围。这一虎符便是当时调兵

鄂君启节

的凭证。这是战国时期调兵遣将的信物，必须要由通信使者持虎符的一半去和军官将领手中的另一半合符，命令才能生效。

在通信过程中，持有符节的使者往往会拥有一些特权。如果遇到交通阻塞的情况，他可以优先通过；宣布戒严时期他也可以不受限制破例放行；他还可以迅速地见到君王。但有关部门给他们规定了通信时间的期限，即必须要在什么时候到达何地，都有一定规定。这叫做"皆以道里日时课"，可使通信的效率得到保障。

与以前的时代相比，战国时期的通信工具有了很大进步。单骑通信越来越多，"遽"这个字也即有了骑马通信的含义。除国家重大事务交由专使、特使去办理而外，当时一般通信的权力逐渐下移，交给职务较低的下层官吏负责，这些人名称叫"信臣"、"候吏"、"传言"等。众多名称的出现，说明通信业务在当时是司空见惯的。

战国时期的私人通信和私人传舍

先秦时期，除官方通信外，我国正式的私人通信机构还没有出现，一般百姓的书信只能通过来往熟人来捎带。《诗经》中曾有几首关于戍边兵士希望有人捎信的诗篇。有一首叫做《采薇》，有几句唱道："忧心烈烈，载饥载渴，我戍未定，靡使归聘。"意思是：心中忧闷如烈火中烧，又饥又渴驻地没有一定，哪能找一个便人，给家中捎个平安书信？另

虎符

外还有一首题为《匪风》的，则有这样两句："谁将西归？怀之好音。"意思是：谁将要回转西方？我要请他给家捎个平安问候。

战国时期，一般百姓和普通官吏也不能直接通信，只有当时握有大权的少数贵族才可以握有私邮的权力，建立起自己的通信联络组织。那时候，有一批新兴地主开始出现，他们常常拥有大批的人员，组成私人通信情报网。著名的"战国四公子"，即齐国的孟尝君、赵国的平原君、魏国的信陵君和楚国的春申君，他们都有自己的情报通讯机构。《史记》上记载了这样一段情

节：一次，魏国官方通信机构接到边境的烽火情报，说是赵国兵陈边界，要向魏国进攻。魏王十分恐慌，找信陵君商量对策。信陵君却镇定自若，告诉魏王说这仅是赵王出外狩猎，不是举兵攻魏。不久，前方来报证实了信陵君的话是正确的。魏王很奇怪信陵君为何能未卜先知，信陵君才解释说这是他家里的食客向他报告的。这一例子说明信陵君的私人通信情报机构有着很高效率，能迅速、准确、及时地向他通报情况。

"战国四公子"门下都招揽有许多谋士。据《史记》记载，在四公子的客馆里，宾客多达数千人。齐国的孟尝君所设驿舍，按照不同的等级分成不同的规格，最上等称为"代舍"，中等的称为"幸舍"，下等的称为"传舍"。著名的弹铗客冯骥原不被重用，所以一般都住在传舍，冯骥觉得自己怀才不遇，弹剑唱曰："长铗归来兮，食无鱼！"于是孟尝君先后把他迁至幸舍和代舍。冯骥为报知遇之恩，为孟尝君作出了焚烧债券的惊人之举，大大收买了人心。赵国的平原君在本国传舍的势力也很大。《史记·平原君列传》中说，秦国军队围困赵都邯郸时，平原君很着急，邯郸"传舍子"李同来到平原君处请战，后来李同战死沙场，他做传舍长的父亲被封为李侯。传舍长就是管理邮驿的长官。

第二章

秦汉时期：大一统时代的邮驿

　　虽然秦王朝并没有辉煌很长时间,但后来的朝代却都继承了大半的秦代制度,秦代的邮传为历代邮驿的发展奠定了基础。

　　在两汉时期的400多年中,汉代邮驿以秦代邮驿制度为基础,不断发展完善,终于形成了较为完备的通信网。它可以与同时代的古罗马邮政通信相媲美,中国与古罗马的联系沟通也正是在这一阶段。汉代邮驿制度的确立,也为后代的通信奠定了基础。

第一节
中央集权下的秦代邮传

公元前221年，秦始皇先后灭掉了六国，首将中国统一。秦王朝成为历史上第一个建立了中央集权的朝代。

秦代的集权统治空前强盛，无论是调兵遣将，还是征发民役去从事巨大的工程建设如修筑长城、驰道、阿房宫、皇陵等，都能做到令行禁止。这与秦始皇建立了一整套高度集中的中央机构和郡县制是分不开的，而且与秦代的严刑酷法也有一定关系。但发达的交通，书同文、车同轨所促进的沟通全国的高效率的通信系统的建立，却是其中最重要的因素。可以说，大一统的秦政权，是建立完整有效的通信系统的前提，而快速普遍的通信系统的实现，使得封建国家的统一更加巩固。

秦王朝建立后，秦始皇为了巩固统一，防止六国旧贵族以及人民的反抗，采取了一系列防范措施。他称帝之后，多次外出巡视。从秦始皇四次巡游的路线可以看出，始皇二十七年（公元前220年）和三十五年（公元前212年）的巡游，主要是视察关中诸郡即今甘肃、陕西、宁夏、内蒙一带，与防御匈奴入侵有关。史书记载："始皇欲游天下，道九原，直抵甘泉，乃使蒙恬通道，自九原抵甘泉，堑山堙谷，千八百里。道未就。"（《史记·蒙恬列传》）这条近两千里的道路即"直道"，从首都咸阳可直通北部今河套地区的防御前线。另几次巡游也大多与巡察原先六国的境地有关。他不仅自己亲自视察，还派遣御史到各郡巡视。据《淮南子》记载："赵政（始皇帝）昼决狱而夜理书，御史冠盖，接于郡县，复稽趋留。"地方郡守也要经常派人到属下的县去视察。所有这一切，加上日常的政务与紧急的军情，导致了全国兴建一套新的通信机构的诞生。它既吸取了战国七雄各自邮传之所长，也实行了统一完整的制度和方法。

第二章 秦汉时期：大一统时代的邮驿

知识链接

青鸟传书

据我国上古奇书《山海经》记载，青鸟共有三只，名曰诏兰、紫燕（还有一只青鸟的名字笔者没有查阅到），是西王母的随从与使者，它们能够飞越千山万水传递信息，将吉祥、幸福、快乐的佳音传递给人间。据说，西王母曾经给汉武帝写过书信，西王母派青鸟前去传书，而青鸟则一直把西王母的信送到了汉宫承华殿前。在以后的神话中，青鸟又逐渐演变成为百鸟之王——凤凰。南唐中主李璟有诗"青鸟不传云外信，丁香空结雨中愁"，唐代李白有诗"愿因三青鸟，更报长相思"，李商隐有诗"蓬山此去无多路，青鸟殷勤为探看"，崔国辅有诗"遥思汉武帝，青鸟几时过"，借用的均是"青鸟传书"的典故。

秦代邮传的组织管理

秦始皇首先将中央的行政机构进行了完善，使之成为完全受皇帝一人控制的官僚机器。同时，又在全国普遍设置了郡县，中央直接任免管理人员。通信组织与这种体制相适应，在中央由丞相总负其责，在地方则由郡守县令共同管理。秦代中央政府内有尚书，负责收授章奏，转发诏令；另有中书令，负责将起草好的诏书盖玺施印，发交使者，行令天下。《唐六典》载："初，秦变周法，天下之事皆决丞相府，置尚书于禁中，有令、丞，掌通章奏而已。"汉人应劭在《汉官仪》中载："初，秦代少府遣吏四，一在殿中主发书，故号尚书，尚犹主也。"《史记》称："书以封在中车府令赵高行符玺事所，朱授使者。"

地方传递公文一般按照行政等级逐层下达的程序进行，即：郡—县（或道，在少数民族地区设置的县）—乡—亭。1975 年发掘出土的湖北云梦睡虎

秦朝铜车马

地第十一号秦墓竹简中,有一件南郡郡守腾发给属下的文告——《语书》,其中提道:"凡良吏明法律令,事无不能殹(也)……发书、移书曹,曹莫受,以告府。"这篇文书就说明了郡县主管文书的属吏是令吏,公文的经办人是郡县内分管某科事务的属曹。

秦代自商鞅变法后,就开始施行以法治国,以吏为师,法律条文琐细严苛。所以,官吏执法必须先懂法执法,只有通晓法律的人才能担任主持邮传的官员。到了汉代,则演变为法曹主管邮驿,而不是像隋唐那样交由兵曹主管。

春秋战国时期,各国的邮传形式各异,所以,后代人对周代典籍中用语、里程、邮递方法等也没有统一的说法。秦统一后,对列国邮传的种种机构进行了合并统一,至此,过去常见的"驲"、"遽"以及偶尔出现过的"置力"便都很少使用了。例如,"遽"字用于邮传只见于李斯为统一文字而写的《仓颉篇》,原文为:"已起臣仆,发传约载,趣遽观望,行步驾服。"总之,秦将以往的邮传进行了彻底的、有效的统一。春秋以后，各种各样的邮传机构与名称已经荡然无存。

秦的统一带有强制性，全国一律。如《史记》说秦代规定："方今水德之始，皆自十月朔，衣服、旄节、旗皆上黑。"由于秦以水德自命，尚黑、尚六，因此，车同轨则一律为"舆六尺"，乘传车则以"乘六马"为上等，使者也必须持黑色旄节、穿黑色衣服。可见，秦代通信人员的服装大致是黑色的。在秦代，所有的通信组织都称为"邮"。"邮"是通信系统的总称，因而，"传"也可以纳入到"邮"的范畴中来，后来传舍、传车都供通信使者使用，作为交通凭证的"传"也要按文书发寄。

这时，"邮"只负责距离较远的长途公文书信的传递任务，"近县令轻足行其书，远县令邮行之"（秦墓竹简《田律》），距离近的则直接步行送达。从中我们可以看出，邮已不承担步传的任务，其主要交通工具为传车、乘马。

统一的秦朝邮驿

秦王朝是我国统一的封建中央集权时代的开始。秦始皇所制定的统一文字、度量衡、车轨、道路等制度，对后来的各朝都有着极其深远的影响。

尤其是在开创统一的邮驿制度方面，秦朝更是功不可没。

虽然秦王朝的统治仅仅只存在了15年，但这个时期全国范围的交通和通信网络却得到了惊人的完善。驰道是秦朝道路网的主干。它以首都咸阳为中心，"东穷燕齐，南极吴楚，江湖之上，滨海之观毕至"（《汉书·贾山传》）。秦朝的驰道十分壮观："道广五十步，三丈而树，厚筑其外，隐以金椎，树以青松"。一步为5尺，50步合今25丈（约80米），10米左右就栽一棵青松。简直就像一个"绿色通道"，十分美观。这样的大道遍布全国。另有一条专为抵御北方匈奴而设的"直道"，从咸阳北的云阳开始，途经黄河，直抵今包头市的秦九原郡。这条"直道"是由名将蒙恬指挥修筑而成的，全长1800余里。另外，在南方还修了到两广和西南的"新道"。这样，一个纵横交错的全国交通网就形成了。

这些大道，路平道宽，沿路驿站、离宫、馆舍和军事设施遍布。考古工作者曾在陕西旬邑县子午岭发现了一处秦朝直道建筑遗址，这是一座约40亩左右的大平台。根据专家们的推测，这可能是当时既作防卫又作信息传递站的驿站，有的专家则戏称为"一号兵站"。

至今还可以找到秦朝修筑大道的遗迹，只不过比较困难。考古学家在直道遗址进行了勘测，测出当年直道最宽处为50米，转弯处更宽到60米，路基全是夯打结实的坚硬层面。据史书记载，当年秦始皇曾出动大小华贵车辆80余辆，官员兵丁1000余人，在此大道上浩浩荡荡前进，由此可以想像这条大路是如何的宽阔平坦。

秦朝将邮驿的名称统一为"邮"，"邮"便成为通信系统的专有名词。在秦朝，"邮"负责长途公文书信的传递任务，近距离的另用"步传"，即派人步行送递。在邮传方式上，秦时大都采用接力传送文书的办法，沿政府规定固定的路线，由负责邮递的人员一站一站接力传达下去。

邮路沿途设有固定的地方供信使进食和住宿。这些休憩处或称为"邮"，或称为"亭"。有的研究家认为，这些称呼是按不同的邮递方式来决定的，比如说，步递停留之处称为"亭"，马递站称为"驿"。其实，在秦朝时这两种称呼并没有严格的界限。如为秦统一立下汗马功劳的名将白起，最后被迫自杀的地点，有的书上称为"杜邮"，但有些书又称为"杜邮亭"。这就说明邮、亭实际可以并用。在始皇陵西侧，考古工作者还发现了一片瓦，上有瓦文"平阳驿"，说明在秦时，"驿"也是邮路上居停点的一种习惯用法。秦朝还有"传舍"的称呼。如秦末汉初刘邦和说客郦食其见面，便是在一处叫做"高阳传舍"的地方（《史记·郦生列传》）。在楚汉战争中，高祖刘邦去夺割据势力张耳、韩信的大权，就曾在修武的一处"传舍"里住过（《史记·淮阴侯列传》）。关于"亭"也有不同的解释。有的学者认为秦朝的亭是一种负责地方治安的组织，而有学者却认为亭负担的更多任务是依次递送公文和邮件。秦制30里一传，10里一亭，亭设有住宿的馆舍。按秦法，亭应及时负责信使的传马给养、行人口粮、酱菜和韭、葱等，甚至供应粮食的升斗、酱和菜的数量都有严格规定。在近年出土的《睡虎地秦墓竹简》里，对此有明确的记载。这些记载，让2000多年前我国邮驿状况的生动情景重现在世人面前。

秦王朝规定了一系列的严厉法律，为公文和书信及时、迅速而准确的到达提供了保障。秦朝的《行书律》规定，文书可分为两大类，一类为急行文书，另一类为普通文书。急行文书包括皇帝诏书，必须立即传达，不能有丝毫耽误。普通文书也规定当日送出，不许积压，不然将会受到法律处置。律

第二章　秦汉时期：大一统时代的邮驿

文中说："行命书及书署急者，辄行之；不急者，日毕，不敢留。留者以律论之。"

秦朝继续使用前朝的符节制度。1973年在陕西西安郊区发现了一枚秦朝的铜制"杜虎符"，符上内容为："兵甲之符。右在君，左在杜（杜为当时的一个县）。凡兴士被甲，用兵五十人以上，必会君符，乃敢行之。"意思是此符君王与杜地将领各执一半，如用兵50人以上，必须要合符才可行动。这是秦代的中央集权具有绝对的权威的体现。此符上还刻有另外10个字："燔燧之事，虽毋令符，行也。"这是指当时仍旧使用着烽火情报制度，不用符也可点燃。秦朝时把烽火通信用于长城，在沿长城内外都设有烽火台，顺着烽火台的走向，事先约定好的信息可以得到迅速传递，把边防情报及时传到京城咸阳。

秦时邮传事务的传递者，身份更为低下，已经不再由士以上的官吏担任，而是由民间役夫来担任。

秦时特别重要的文书，规定由特殊的人员传送，而且所经之处任何人都不得阻拦。这些特殊人员自然要十分可靠，还需体格强壮，行止轻捷，从他们的名称上就可以看出这一点，名称各为：轻车，赽张，引强，中卒。这些人平日都会接受特殊训练。

秦王朝还作出了一些法律规定，以保证传送的消息不会在途中泄露出去。比如：不同的文件由不同的文字书写，简册用大篆小篆，符传用刻符，印玺用缪篆，幡书用鸟书，公府文书用隶书，等等。这些规定有效地防止了文书的伪造。另外还有一些规定，如简书一般都在绳结处使用封泥，盖上玺印，以防途中私拆。此外，秦朝《行书律》又规定了文书的收发制度："行传书，受书，必书其起及到日月夙暮"，即记录始发与收到文书的月日晨暮。上述这些规定，都是邮驿通信制度规范化的最好证明。

秦朝的通信干线贯通东西南北。北边由关中直达九原塞外，至今内蒙古河套附近；东边由函谷关向东，经河南直到今天山东的临淄；南边由武关经南阳直抵江陵。

秦朝发达的通信系统，有效地巩固了中央集权制度，使各地方的情况通报可以源源不断地传至中央政府。由于政府规定了地方向上汇报请示必以书面形式，以致秦始皇每天要阅批的竹简奏章就重达120斤。秦政府还通过这些通信系统，及时了解边防和民间的动态，以采取果断的军事措施。

第二节
通达全国的两汉邮驿

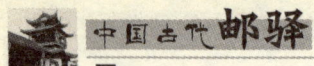

汉承秦制，疆域之辽阔远过于秦。为了加强中央集权的巩固，使中央与地方之间的联系更为密切，声息相通，汉政权对交通与通信的建设尤为重视，不惜耗费巨帑，堑山堙谷，在秦代邮传的基础上开辟了通达全国各郡的交通线，将主要道路上的通信系统加以完善。所谓"军书交驰而辐辏，羽檄重迹而押至（即相因而至）"，就反映出汉代通信的繁忙以及军令政令的上传下达。

两汉邮驿的组织管理

1. 中央邮驿管理

西汉初期的邮传沿袭秦代的制度，仍由丞相总掌其责。丞相下属九卿中有少府，少府属下有尚书令和符节令等。尚书主管奏章的上达与诏书的下发，其实就是中央收发机关的管理者。

西汉九卿中的卫尉与邮传的关系十分密切。卫尉属下有公车司马令，掌管皇宫南阙门的警卫工作，负责接受吏民上书，还负责接待通过传车征召的臣民贤士，故有"公车上书"的典故。据相关历史记载，东方朔开始取得汉武帝的宠信，便是通过公车上书，"朔初入长安，至公车上书，凡用三千奏牍。公车令两人共持举其书，仅然能胜之"（《史记·东方朔传》）。

九卿中的大鸿胪，职掌大宾客的朝觐，其职能与周代的大行人相似，所以汉景帝曾把大鸿胪改称"大行令"。

御史大夫兼管邮传，主要通过巡行和对使用邮传的使者发放"封传"进

第二章 秦汉时期：大一统时代的邮驿

古盂城驿

行监察。没有封传的人，不得滥用邮传，有邮传的人也不能超过规定。

东汉时期的情况有所改变。一来因九卿分属于三公，卫尉为太尉所属，所以太尉也负责邮驿通信。史称太尉属官有法曹，"主邮驿科程式"（《后汉书·百官志》）。二来是因为东汉政府的实权逐渐操之于尚书台，所谓"政归台阁"，权力很大。《汉旧仪》说，皇帝的诏书都由尚书令重封，只有赦赎令才交司徒发出，三公已渐无实权。

主管邮驿的是太尉府的法曹，这是由于邮驿主要为军事通信服务的特点所决定的。但法曹仅仅主管邮驿科程式，即法律制度和规章，具体通信似仍由尚书台负责。基层的传舍长、亭长的任免权，仍在地方行政长官手中，并不由军事长官控制，平日通信管理由郡县长官负责。《纲鉴易知录》说："宛人卓茂……哀、平间为密令（密，河南密县）……民尝有言郡亭长受其米肉遗（馈）者，茂曰：亭长为从汝求乎，为汝有事嘱之而受乎？将平居自以恩意遗之乎？民曰：往遗之耳。茂曰：遗之而受，何故言邪？"因此我们可以推测，中央的法曹很可能只负责邮驿的规章和一般管理，而传舍、驿置、邮亭不一定直接隶属于法曹。

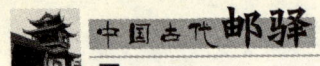

2. 地方邮驿管理

一般说来，内地邮驿统由郡县（东汉改为州、郡、县三级）直接管理。督邮是太守府里的第一个掾属，督邮"以主邮书为职"。一个郡设有几个督邮，史籍中有五部、四部、三部督邮等名称。《续汉书》说："监属县有三部，每部督邮书掾一人。"《后汉书·高获传》说："急罢三部督邮，明府当自北出，到三十里亭。"罗布淖尔汉简说："使者王旦东去，督使者从西方来，立发东去。"黄文弼认为："督使者，疑为督邮使者之简称，木简中督邮多简称督。"但督邮的职权在汉代有了很大变化，以后逐渐成为代表郡守监察属县宣达教令，兼司狱讼捕亡的官员，督邮之"邮"字也失去了原有邮传之义，而演变为"尤"了。

有的古代邮驿研究者认为，汉代中央机构中的邮驿管理部门还包括太仆（属九卿），理由是其掌管马政和车舆，肯定与邮驿有着某种关系。但史料所证，汉代的太仆主要管理皇帝御用的车马，而并不涉及邮驿管理。如太仆属下的家马令，颜师古注为："家马者，主供天子私用，非大祀、戎事、军国所须，故谓之家马也。"又如家车吏，他也注为"主汉王之家车，非军国之所用"。当然，太仆也管理边郡的36所牧场，分养马30万匹，但除一次特例外，都不是供给邮驿使用的。所以，目前还没有资料能够证明太仆与邮驿有关。

两汉的驿置与邮亭

两汉是从传车向骑乘过渡演变的时期，出现过不少新的邮驿名词，它们的含义也在不断变化中。

汉初基本上沿袭秦代制度，后来才有了明确的分工，传与驿置有了一些区别。传舍的主要职责是迎送过往官员、提供饮食车马，本身不直接承担通信功能。而驿置和邮亭才是通信组织的主要部分。

应劭在《风俗通》中说：汉初"改邮为置，置者，度其远近置之也"。驿与置同义，但驿的名称比置要出现得晚，文献中正式出现驿是在汉武帝前后。实际上，西汉末东汉初才是驿被广泛应用的时期。东汉由于经济困难，取消了大部分传车，以马骑为主的驿才发展起来。当然，传虽与驿置有所区别，但在汉代仍属于通信设施。日本学者森鹿三认为：西汉时期既采用继承前代的传车制度，又采用逐渐盛行的驿骑制度；传就是传递，是以交通路线上适当设置的车站来替换马的意思，同时又把这种替换车马的地点叫做传。又因为替换车马需要停下一次，因此这个地点也叫做置。并且村落的边界有接受和传递文书的设备，因而也叫做驿。此外这个地点还有行人的住宿设备，因而也叫做亭。但这只是一种看法，并没有相关资料来确定它的准确性。

1. 邮亭

汉初改邮为置，就是将周秦广义的邮改称置，以后才又改叫驿。所以，驿与置在意义上是一样的。但邮字并未消亡，依旧存在于汉代的通信之中，不过其含义已缩小为步递，它的下属机构又叫邮亭。邮与驿置虽在传递方法上有所不同，但都是以递送文书为主的通信组织，它们的行进路线也大致相同，所以史书常把新开辟的邮路上所设的通信组织统称为"邮驿"，而与传舍并列。

汉代的邮同周代有一个相同点，即都拥有行书之舍，即邮亭。邮亭是以步行传递为主，设置相当普遍。东汉王充在《论衡》中说："二十八宿为日月舍，犹地有邮亭，为长吏廨也。邮亭著地，亦如星舍著天也。"由于邮亭在数量上超过了传舍和驿置，所以利用邮亭传递普通文书会更方便一些，史籍中也记载了很多"因邮亭书"、"因邮上封事"的事例。

最初接力步递的距离是很短的。《汉旧仪》中说，五里一邮，邮人居间，相去二里半，即使按间里之义解之，相距也不算远。所以，《史记·留侯世家》注为"按邮乃今之候"。今考汉时南海送荔枝到长安，也是"十里一置，五里一候"，这里的候指的就是邮。由于传书的力役叫邮人，所以运寄的文书也就被称为邮书。

邮亭地处交通要道，有的还养有鸡、猪，"以赡鳏寡贫穷者"。过往的官员和有身份的行旅也可以在邮亭里寄宿。如王莽时田禾将军赵普的儿子赵孝从长安返故乡，"欲止邮亭，亭长先时闻孝当过，以有长者客，扫洒待之。孝既至，不自名，长不肯内"（《后汉书》）。因此可以看出，邮亭不是随便就可以寄宿的，而是要凭邮亭亭长的好恶来决定是否接待行旅。

秦代的亭，并非只是在交通干线上设置，也不一定有邮传的功能。两汉时期也是如此。两汉时普遍设亭，以便"徼循防盗"，加强对封建统治秩序的

中国古代邮驿
ZHONG GUO GU DAI YOU YI

甘肃汉烽火台

维护。西汉时，共有乡 6622 个，亭 29635 个。东汉时，合乡并亭，还有 3681 个乡，12442 个亭。

从汉代亭的组织上看，亭吏多由年老退值的士兵担任，所谓"材官（骑士）、楼船（水军）年老衰乃得免为民，就田，应合选为亭长"（《汉官仪》）。每个亭有两个卒，"一为亭父，掌开闭扫除，一为求盗，掌捕盗贼"。亭长主要以维持治安，并迎送过往官员为职责。近年来，汉墓中出土了许多有关亭长的文物，如河南画像空心砖有"亭长"砖，四川汉墓有"亭长"迎谒画像砖，"正中为双层亭楼，右边一人身着长服，两手捧楯，躬身作迎候状。左边一人（头上有帻），执戟，恭立"（《文物》1975 年第 4 期）。由此可见，亭长为汉代基层的乡官，是其统治网的组成部分。

一般的亭是不承担通信任务的。但有些特殊的亭，例如边亭、门亭则直接或间接与通信有关。如汉简中的"以亭行"，四川彭县汉墓出土的寺门击鼓画像砖，则反映了郡县等官署所设的门亭，在门前置鼓，由门亭长负责，可以用来召集民众、发号施令。此外，就是道路中途所设的邮亭。

汉代沿袭秦的设亭制度，大体上是"五里一邮"，"十里一亭"。

2. 驿置

驿置，是指长途传递信件文书的设施。汉朝的紧急和重要公文都由它来传运。驿置的优点在于传递迅速，通常以轻年快马为主。驿与驿之间的距离一般为 30 里，又称为一置。驿置预先备好车马，随时供兼程来往的驿使使用。东汉初年，刘秀在河北与地方割据势力王郎角逐时，就曾使用过这种驿置交通工具。当时，王郎企图收买大将耿纯，但耿纯心向刘秀，连夜逃出县城，并调用驿舍的车马数十乘，齐奔刘秀。刘秀凭着这些快马，壮大了自己

第二章 秦汉时期：大一统时代的邮驿

的实力。

汉宫中常年要求南海向长安进贡荔枝，也是通过快马速递，而把新鲜水果及时送到都城的。史书记载说，送一趟鲜荔枝，路途十分艰辛，如果没有超人的毅力是无法完成这一任务的。谢承的《后汉书》中说："旧献龙眼荔枝及生鲜，献之驿马昼夜传送之，至有遭虎狼毒害，顿仆死亡不绝。"当这种邮差，其风险可见一斑。

驿置是以递送文书为主的组织，但它只用来传递紧急而重要的公文，它的传递方法以轻车快马为主。

驿置最早是以轻车快马为主要交通工具，《东观汉纪》中说："王郎举尊号，欲收（耿）纯，纯持节与从吏夜逃出城，驻节道中，诏取行者车马，得数十，驰归宋子（县）。"《后汉书》说这是"发取驿舍车马数十乘，载与俱驰"。东汉以后，车辆逐渐被淘汰，驿置则以驿马为主要通信工具。由于驿与传舍都有供应使者车马的任务，所以偶尔也会将传与驿合为一谈，称为"传置"，但更多的时候是"邮驿"并列。如东汉袁安做县功曹时上州办事，刺史

汉代驿亭

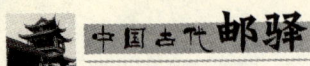

属官托他带封信给县令,"安曰:公事自有邮驿,私请则非功曹所持"(《后汉书》)。有时在郡县所在地,可以设不同的邮驿,根据来文的缓急程度决定使用哪种通信方式,这种方式延续了很长时间。《后汉书·舆服志》中刘昭注曰:"案东晋犹有邮驿共置,承受旁郡文书、有邮有驿、行传以相付,县置屋二区,有承驿吏皆条所受书,每月吉上州郡。《风俗通》曰:今吏邮书掾,府督邮职掌此。"这就可以很好地证明晋朝承袭了汉朝的制度。

知识链接

黄耳传书

信鸽传书,大家都比较熟悉,因为现在还有信鸽协会,并常常举办长距离的信鸽飞行比赛。信鸽在长途飞行中不会迷路,源于它所特有的一种功能,即可以通过感受磁力与纬度来辨别方向。信鸽传书确切的开始时间,现在还没有一个明确的说法,但早在唐代信鸽传书就已经很普遍了。五代王仁裕《开元天宝遗事》一书中有"传书鸽"的记载:"张九龄少年时,家养群鸽。每与亲知书信往来,只以书系鸽足上,依所教之处,飞往投之。九龄目为飞奴,时人无不爱讶。"张九龄是唐朝政治家和诗人,他不但用信鸽来传递书信,还给信鸽起了一个美丽的名字——"飞奴"。此后的宋、元、明、清诸朝,信鸽传书一直在人们的通信生活中发挥着重要作用。

3. 私邮

因为受到战国时期养士遗风的影响,汉初还有大官僚自设馆,自备驿马,甚至有固定路线的私人邮驿。在汉代大官僚自设的馆中,淮南王的客馆是非常有名的,它因食客们编写了《淮南子》一书而享有盛名。又如汉丞相公孙弘"自以布衣为宰相,乃开东阁客馆以招天下之士,其一曰钦贤馆,以待大贤……次曰翅材馆,以待大才;次曰接士馆,以待国士"(《西京杂记》)。

私邮有两种主要用途，一是供大官僚款待宾客时发出通知和提供迎送宾客的交通工具。如汉景帝时任太子舍人的郑当时，"每五日洗沐，常置驿马长安诸郊，存诸故人，请谢宾客，夜以继日"。（《史记·汲郑列传》）。二是地方官员为了加快与中央的联系而私设的专用通信组织。汉武帝时任河内太守的王温舒开办的私邮是最为著名的。史称，王温舒为了与地方豪强势力斗争的需要，"令郡具私马五十匹为驿，自河内至长安"，"奏行不过二日得可，事论报……河内皆怪其奏以为神速"。（《汉书·王温舒传》）。按河内郡在今河南省黄河南北，河内县即今沁阳。自沁阳至汉首都长安直线距离也有700余里，50匹马跑接力两天便可往返，可见其速度之快。

汉初私邮盛行，反映了诸侯王半割据状态下的畸形现象，也反映了中央集权与地方割据的斗争。另外，也说明士人的出路还较窄，除少数被征召外，很多人的才智都得不到施展。到科举制盛行以后，仕途较宽，养士之风自然衰落，"私邮"才逐渐走向衰败。

两汉邮驿网路建设

汉代建设的通信网是以首都（长安、洛阳）为中心的，尤以长安至洛阳间的联系最为紧密。干线都以京师为中心向外辐射。据研究，西汉时期的交通干线大致如下：

```
              ┌── 御递院 ──── 各道、州
政事堂 ───────┼── 诸道奏事官 ── 各道
              └── 诸州进奏院 ── 各州
```

其一，是自京师向西，经陇西逾黄河，贯通河西走廊，连接通西域诸国的大道。它起到了沟通东西方经济和文化的重要作用，是著名的丝绸之路。

其二，是两条专为防御匈奴而修建的干线，一从关中直达塞外九原，一经平阳、晋阳通抵云中。这就是秦代的两条直道。

其三，由京师西南向，循褒斜道经汉中以达成都。以后又因张骞建议修西南夷道而把此线继续向西南方延伸，远踰昆明、永昌而通于天竺，成为另一条国际路线。

其四，由京师出武关经南阳抵达江陵。这是沟通关中与江南的重要通道。由江陵出发可通往今湖南、广东一带。

其五，由京师东出函谷关，经洛阳直达临淄，称为东路干线。此线在河南又分成三支：一自洛阳渡河，经邺及邯郸以通涿蓟，复由此而延向东北；一自陈留沿鸿沟、颖水入淮，南循汜水、巢湖以达于江；一自定陶循菏水入泗水，入淮河，再沿邗沟以达于江。

以上这些干线，既用于交通，也用于通信。西汉以长安为中心，东汉以洛阳为中心。道路宽阔，行驶车辆极为方便。路旁植树，用以标里程，避烈日。

汉代还没有较发达的水上交通。据考证，汉代已有海上交通线，大致是"从合浦郡的徐闻县出发，船行约五月可到都元国（马来半岛），又船行约四月可到邑卢没国（缅甸沿岸），再航行二十余日到谌离国（缅甸沿岸），由此步行十余日到夫甘都卢国（缅甸蒲甘城），又行二月余到黄支国（印度建志补罗），黄支国南有巳程不国（斯里兰卡），自黄支国返航，约八月到皮宗（马来半岛西南），又行约八个多月返国"（《中国史稿》第二册）。所以，虽然开辟了海上交通，但与通信却没有太大关系。

总之，由于两汉的统治中心都在北方，交通与通信也都以北方和以陆路为主。

汉代因为有了完善的道路建设，所以邮驿能够通行全国的州郡。每一次开拓道路，都促进了邮驿的扩展。两者相辅相成，缺一不可。

因为要防御匈奴的侵犯，汉代十分重视西北邮驿的畅通。从出土的汉代驿道里程简中可以看到，西北干线在内地的走向是从京兆经右扶风、北地、

长城驿站

安定、武威到张掖。西汉打通了通往西域各国的道路，昭帝时以楼兰为基地，开通了北道（即以后的中道），大致是由玉门关往西北过龙堆，到楼兰，直达龟兹。道路虽险，但比较安全，史称"武帝通大宛诸国，使者相望于道，于是汉列亭障于玉门矣"（《西汉会要》）。东汉时，由于王莽时代断绝了西域交通，又加上楼兰被风沙侵袭，只得重新开辟南北两道。北道即新道，由玉门关向北取道伊吾北至车师，往西直达乌孙。南道大致是经鄯善、车且、于阗到疏勒、大月氏等地。这就是著名的丝绸之路。

为了沟通关中与巴蜀以致西南的联系，首先开凿了子午道，公元5年开始修筑，自长安、杜陵，穿过秦岭（古称南山）迄至汉中。在东汉初年明帝时，又开通了褒斜路，从而使关中与巴蜀的联系更为密切。

汉武帝时还修建了夜郎道，从此，"南夷始置邮亭"（《史记》）。

在东南干线上，通往广州一带的道路是最有名的。《后汉书》说："先是含洭、浈阳、曲江（今广州、韶州一带）三县，越之故地，武帝平之，内属桂阳，民居深山，滨溪谷……去郡（指桂阳）远者或且千里，吏事往来，辄发民乘船，名曰传役。每一吏出，徭及数家，百姓苦之。（桂阳太守卫）飒乃凿山通道五百余里，列亭传置邮驿，于是役省民息，奸吏杜绝。"

在东路干线上有条自洛阳至涿、蓟延向东北地区的支线，其中有一条叫飞狐道的道路，是东汉初年为防御匈奴、乌桓而修建的，史称王霸发"驰刑徒六千余人与杜茂治飞狐道，堆石布土，筑起亭樟，自代至平城，三百余里"（《后汉书》）。

秦代的驰道不是驿道，而是帝王专用的交通线，这种情况一直持续到了汉初，在汉武帝之前仍是，连汉宣帝的女儿馆陶长公主有太后诏旨，行驰道中，也被没收了车马，根本不可能允许邮驿使用。驰道在汉初仍然是阻碍交通的一大祸害。到了西汉中叶以后，驰道事实上已形同虚设，过去森严的禁令也逐渐失去了作用。不仅旁道可以自由通行，中央三丈也可以车马奔驰。汉平帝元始元年（公元1年）遂正式下令罢三辅驰道，从此，驰道才加入到驿道的行列中来。

汉代测量里程只能根据道路的长度，不可能是直线距离，所以驿路的长度不便估计，仅据《汉官》所列七个州距京师的距离大致可推算出驿路里程是："沛国谯刺史治，去雒阳千二十里；常山国高邑刺史治，去雒阳一千里；武陵郡汉寿刺史治，去雒阳三千里；九江郡寿春刺史治，去雒阳千三百里；

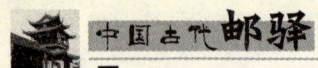

汉阳郡陇州刺史治，去雒阳一千一百里；广阳郡蓟刺史治，（去）雒阳东北二千里；苍梧郡广信刺史治，去雒阳九千里。"

两汉的邮驿经费与供应

维持庞大的邮驿系统所需经费数量相当可观。它的开支中包括：修路造桥，建筑传舍、邮亭、驿置，设官，养马，雇用卒役，还有迎送官员和征召的贤士的开销，转输贡品的费用，等等。在政府的行政开支中，邮驿占有很大比例。西汉初年，皇帝都不能驾驷，将相或乘牛车，邮驿也简。王夫之指出，文景时代的一大特点就是邮简。他说："班固叙汉初之富庶详矣，盖承六国之后，天下合而为一，兵革息，官吏省，馈享略，置邮简，合天下而仅奉一人，以一人而府天下，粟帛货贿流通，关徼弛而不滞，上下之有余宜矣。"（《读通鉴论》）经过长期的休养生息，汉武帝时财政才较为宽裕。道路建设和设亭置传，都是在武帝之后才有了大幅度增长的。东汉时期政府财政比较困难，收入不及西汉的一半，难以维持庞大的邮驿，故废除了传车，以单骑为主。

邮驿的扩充一是靠政府的财政拨付，一是靠普遍的徭役制度，如修路、建筑、车马船的供应，守戍候望的士卒，都是百姓无偿的劳役。政府的财政收入主要靠赋税。《汉书·食货志》中说："税谓公田什一，及工商衡虞之入也……赋其车马甲兵士徒之役，充实府库赐予之物，税给郊社宗庙百神之祀，天子奉养百官禄食庶事之费。"邮驿经费也主要来自赋税。贡纳包括车马的供应，其中当有一部分补充到邮驿中来。

汉代的"马口钱"，是对凡是有马的人所征收的一种赋税，不一定这笔钱全充作邮驿经费。《汉书》中说："元凤二年（公元前79年）六月诏曰：朕闵百姓未赡，前年减漕三百万石，愿省乘舆马及苑马，以补边郡三辅传马。其令郡国毋敛今年马口钱。"可见是对拥有私马的人征税，不是对所有的人普遍征税，而用以传驿。

汉代提作车马用费的钱一度是在口赋中。据《汉旧仪》一书说："年七岁以至十四岁，出口钱，人二十三，二十钱以食天子，其三钱者，武帝加口钱以补车骑马。以后又令民男女年十五以上至五十六出赋钱，人百二十为一算，以给车马。"这是相当大的一种赋税，其中必有一部分拨给邮驿。

邮驿的吏、卒，都由政府统一拨付开支。从居延汉简中所见，官吏领取俸钱禄米，役卒领取粟。低级的小吏，如嫔长、尉史、令史、斗食吏，最高者每月领钱九百，其余则六百、四百、三百、二百不等。在禄米方面，汉简中有下列记载：

"四月六日，驿小史纯，尉史仲山，取麦一石，前后二石，又石，凡三石。"

"十月癸亥朔，以食亭卒五人，癸亥尽辛卯廿九日秋百四十五人二……"

"卒冯长粟三石二斗二升，王长自取"。

邮驿的主要工具是车马，其中马是数量最大而又必须要不断补充的。汉政权对马的需求远过于前代，汉初曾规定好马不准出关："马高五尺齿未平……皆不得出关。"但马的来源不足，所以汉代邮驿中出现过"驿牛"（《后汉书》）。汉文帝曾"诏太仆见马遗财足，余皆以给传置"。就是说，太仆所管的马，仅仅留下必要的数量，剩余的都拨给邮驿使用。但这样的命令整个汉代只颁过两次，以后马匹的供应还是相当紧张的，"车骑马乏绝。县官钱少，买马难得"，于是下令三百石以上，封君以下的官吏，都要供给牝马，并让全国的亭也都养马（《史记·平准书》）。直到开通西域后，马的来源才有了保证。

马分传马、驿马两种，驿马质量较高。饲养马匹的开支很高，一匹马一个月的花费约等于一个士兵一年的开销。

用于传驿的马匹都有名籍，注明每匹马的毛色、性别、年岁和身高，是否经过调养训练，等等，年老齿长的马要首先从驿马中剔出。

官邮和私邮

汉朝的邮传主要是官邮。国家的官方书一般都通过邮亭和驿置来传递。在这些官方文书中，皇帝下达的军政命令是最多的。皇帝诏令一般由丞相府下达郡县，然后再层层传送到每一个边防烽燧。除此之外，中央一级大臣发给州郡的文书也由邮驿传送。东汉末年，东郡太守桥瑁就曾诈称"三公"，"传驿州郡"发文讨伐董卓。再有，便是中央和地方之间日常行政事务的联系，如年终人口钱粮的统计、盗贼狱讼等都是通过邮驿定期向中央汇报的。

汉朝没有合法的私邮制度。官员互相之间的通信联系，往往通过官邮系统来进行。有时通过向上汇报情况时顺便捎带几封私人书信，有时则凭借自己的权势，迫使官邮为自己服务。例如，在出土的汉朝简牍里，考古学家也整理出很多当时的私人往来书信，其中有两封很特别的书信。这可能是当地的两名下级官吏各自写给妻子的书信。一封是名叫赏的写给妻子子卿的，现存原信文字约50字，内容是感谢在家的贤妻恪尽孝道，代他敬事父母，并嘱她冬寒要注意身体，多穿衣服，按时酒饭。另一封是名为宣的边城某候所官，写给家中名叫幼孙的妻子的信，内容是要妻子转向妻兄和岳父请安，并告诉妻子寒暑时节"强衣足食"，注意身体。还谈到妻兄幼都曾乘便来到边境探望宣，可惜幼都行时仓促，未曾见到幼孙，所以将此事写在书信中告诉他妻子。信中还提及宣前曾通过邮亭另写信给妻弟幼孝一事（《居延汉简甲编》）。从这两封信中我们可以了解到，两汉时期的民间通讯是非常困难的。赏和宣由于身为边境小吏，所以才有乘便捎信的机会。值得注意的是，这两封私人书信的书写格式基本仍同于秦朝，开头各为："赏伏地再拜请子卿足下"、"宣伏地再拜请幼孙少妇足下"。夫妻间如此客套，也许有人会觉得好笑，但明显这是当时书信的必需规格。从两封汉简中，丈夫称妻子为"少妇"，称岳父为

北京宛平城里的古驿站

"丈人"，这种称呼与现今社会颇为相似。至于那时的普通百姓，通信就更为困难了。他们即使要用书信向政府反映情况，也不可能通过官邮进行，只有当事人通过"公车上书"，专程到京传达。

在汉朝古诗里，有很多反映当时私人书信往来困难的字句。《古诗十九首》中，有一首写道："客从远方来，遗我一书札，上言'长相思'，下言'久离别'。置书怀袖中，三年字不灭。"一封信在袖中藏了三年，可见书信的珍贵，同时也体现了当时通信的困难。在出土的汉简中，也常有牍书谈及通讯困难的情况。敦煌汉简中有一件政致幼卿君明的书信，说到五年多来由于政的"官薄身贱"，书信不通。可见，即使是边防小吏，因为低下的身份，也不能利用方便的通邮条件。

因为通信受到限制，当时竟然能根据书信往来的疏密来判定朋党。《后汉书》讲了一个案例，说到名士杜安，"少有志节"，称为"奇童"。有一贵戚想拉拢他，给他写些书信，杜安素节自守，不愿和贵戚往来，把这些书信原封不动地藏在壁中。后来这个贵戚犯了事，官府清查党羽，根据通信记录牵连到了杜安。杜安将原信全交了官，证明了自己的清白。他这种清廉自律的行为，受到当时人的称赞。

汉朝的私邮往往是一些有权有势的"诸侯王"设置的。西汉初年，有不少同姓王曾设立自己的私人通信网。淮南王刘安手下便有不少宾客，为他收集各地情报，自组一套通信系统。汉武帝时具有特殊权势的酷吏王温舒，也自组一班人马作他的私驿，据说他曾拥有"私马五十匹为驿"。从河内（治所在今河南省武陟西南）到长安几达 700 余里，王温舒的私驿马跑两天接力便可往还。不过，上述情况在整个两汉时期并不常见，一旦割据局面结束，皇权加强，这些临时性的私驿就不复存在了。

两汉的官邮有着很严格的制度。邮亭的来往文书要登记造册，称为"邮书簿"。来往邮路上的驿使或邮差有一定的服色，他们要头戴红头巾，臂着红色套袖，身背赤白囊，在驿路上奔驰起来十分醒目，有利于对专职邮使的识别。当时的邮驿通信速度还是较为可观的，马传一天可行三四百里，车传则可行 70 里左右，步行较慢，一天可走约四五十里。从西边的金城郡（今兰州市西北）用快马到长安，间隔共 1450 里，往来之间只需 7 天时间。据史载，东汉著名科学家张衡，制造出世界上最早的测示地震的候风地动仪。当有一天地动仪西边的一个龙头的含珠掉落在蛤蟆嘴中时，洛阳城许多人还不相信会发生地震。过了几天，陇西就有驿传飞马来报，证实那里发生了地震。这一事例，足以证明当时已经有了完善的邮驿制度，传达信息迅速而且准确有效。

汉朝通信关禁制度很严，持有符信才能沿驿路出入关口。在汉朝又叫"过所"，是驿者和行人的身份证明和通行许可证。在秦朝时本为木制，《古今注》说："长五寸，书符信于上"，用板封上，再盖以御史的印章。这样的符信，在居延汉代遗址发现了很多。汉朝还有一种以缯帛制成的符传，用两条书帛，过所驿者和检查者各持其一，对合后方可过关。《汉书》记载，名士终军，从济南入京当博士，步行入关，关吏验看他的身份证明，他说："大丈夫西游，终不复传还。"扔下缯制符信拂袖而去。这个故事说明汉时无论是对邮驿使者，还是对普通行人，其关禁都是非常严的。居延肩水关出土了一件"汉张掖都尉棨信"，用一种红色缯帛制成，上有墨笔篆书。据专家考证，这就是当时作为身份证明的一种符信，悬于竿上作为出入关的证件。

发达的汉代烽火通信

汉朝通常依靠烽火通信和邮驿通信两种方式作为军事通信。

两汉时期的烽火通信设施十分发达。考古学家们近年来在新疆、甘肃、内蒙古一带，发现了汉代北部的烽燧、亭障和长城遗址多处，这些设施分布于长达两万多里，形成了一道坚固的北境城防。有历史学家曾说过："在汉代沿长城全线西至罗布泊沙漠，直达克鲁库特格山麓，皆列置堡垒烽燧，即汉书上所谓亭障，以为瞭望敌人及传达烽火信号之用"，"万里相望，于是中国的西北，筑成了一条坚强的防线。"我们至今还可以在往日的丝绸之路沿途看到当日的这些军事设施的遗址：一座座巍然高耸的烽火台，附近还常有当年边防人们所住的小城遗址，仿佛旧日历史的重演。

所谓"烽"、"燧"，都是点燃易燃物发出亮光的通信标志。汉朝时，一般说是"五里设一燧，十里有一墩，三十里一堡垒，一百里一城寨"。烽燧是系列军事设施的最基层单位。这些烽燧，常常设在靠近水源、地势较高便于瞭望的地方。

汉朝对利用烽火来通报敌情有着严格规定。一般来说，烽是指在五丈多高的土台上置一烽竿，类似汲水的桔槔。烽竿上缠上纺织品，平日放下，遇

第二章 秦汉时期：大一统时代的邮驿

山西大同四十里铺曾是古代的驿站

有敌情便立即举起，称为"表"，一般为白色，更容易让人看见。夜晚看不见，便将其点燃成火炬，称为"烽"。一般总会有一些准备燃放烟火的积薪堆积在烽火台旁。

我们可以从现存的汉简中大致了解一些当时烽火的信号。假如发现有敌人一人或数人犯塞，则焚一捆薪，举起两个烽火。如果发现的是10人以上的敌军进犯，除举火外，还须将烽高高扬起。假如是500或1000名敌人来犯，则除焚薪外，需举三烽。这些预先约定的信号，可以使军内迅速而准确地知道敌情，以做必要的准备。

除此之外，还设置了一些其他规定。如敌人入塞，举放烽火时，所有边亭负责尉吏都必须要到位，并及时向上级都尉府报告敌人入攻人数和到达部位。若遇大风大雨，无法施放烟火，则必须及时派出快马"亟传檄台，人走马驰"，报告上级。若敌情万分危急，或敌已攻下烽火亭障，该亭不能按时举火，则应由相邻亭台点火，依次通报下面的烽火台。一些汉简中还反映，边境有警，边塞县的屯田官吏还有责任组织百姓转移，驱赶牲畜，脱离险境。

据历史记载，汉武帝时卫青、霍去病与匈奴作战，以烽火作为进军号令，一昼夜就可使河西的信号传至辽东,远达数千里。当时的人用诗来形容信息传递之迅速曰:"候骑至甘泉,烽火通长安。"甘泉在今陕北,离汉都长安大约有300公里,烽火通信迅速可达,足见当时军事通信的效率之高。

中国有句俗话说:"军令如山倒"。两汉时,边境烽火警报对屯驻官兵来说,其命令是至高无上的。《史记·司马相如传》记载说:当时"边郡之士,闻烽举燧燔,皆摄弓而驰,荷兵而走,流汗相属,唯恐居后。触白刃,冒流矢,义不反顾,计不旋踵"。汉文帝时名臣贾谊形容当时边疆的将士,在敌情严重时日夜不眠,将吏都穿着甲胄,随时听命待发(《汉书·贾谊传》)。西汉名将赵充国对这些烽火制度有着很高评价,认为"烽火幸通"是"以逸待劳"的好办法(《汉书·赵充国传》)。有一件居延出土的汉简对当时因烽火信号及时而使汉朝军队避免损失的情况作出了生动描述:"在早晨五点钟……临木燧的士兵,举起了信号旗,并燃起了一个信号火堆。敌人后来向西北方向撤退,没有造成损失。"(《简牍研究译丛》)

当时内地也在广泛使用烽火的军事通信。笔记小说中曾记载东汉光武帝时曾派将军刘尚攻打武溪夷,夷首领田氏兄弟三人各守一城,共约以烽火为号。有一天,老三钓得白鳖,竟然举烽请二位兄长赴宴,共品美味。当刘尚大兵来讨时,老三再举烽火,两位兄长以为此事无足轻重,便没有在意。老三孤军作战,终至败死。这个事例与"烽火戏诸侯"的意义大同小异。

汉时广泛运用烽火作为军事通信,但一般邮驿军事通信的作用也是非常重要的,这两者往往相辅相成。军事机构之间的通信使者,一般由戍卒担任。他们有时作为烽火通信的补充:当天阴雨湿烽火一时不能燃起时,军方便立即派出飞骑或快跑步递向兄弟堡垒传递情报。汉时留下的一份烽火台规则《塞上烽火品约》提道:"匈奴人入塞,天大风或雨,烽火不燃者,亟传檄告,人走马驰以疾",说的就是这种情况。

第二章

魏晋南北朝邮驿：逆旅风行

　　魏晋南北朝时期，私营客舍逐渐得到了发展，当时人们把这种私营客栈称为"逆旅"，这个名称是自春秋战国以来就一直存在的。魏晋南北朝时期，国家的邮亭馆舍，都被豪门贵族破坏了，一般商旅不得不露宿野间。这种情况就导致了私营客舍诞生的必然。无论南方北方，一些官僚都有自营客店存在。如北魏大臣崔光的弟弟崔敬友，就曾"置逆旅于肃然山南大路之北，设食以供行者"。南朝梁武帝的弟弟萧宏，仅在建康城里就开设了宿客和贮货兼营的"邸店"数十处。当时南北方的官吏，都建议政府给这些逆旅课以重税。这说明当时私营逆旅，其经济力量已经不容忽视。

第一节
魏晋南北朝时期的邮驿

重法的商鞅曾经提出"废逆旅令"以加强中央君主专制集权。他认为逆旅是"奸邪"和不法之徒滋长的场所,所以不应该存在。随着两汉时期工商经济的发展,在"富商大贾周流天下"、"牛马车舆,填塞道路"的繁荣情况下,民间旅店行业自然也发展了起来。《后汉书》曾在许多列传里叙述了当时"行宿逆旅""亭舍"的情况。曹操在建安十二年(207年)所写的《步出夏门行》一诗,也有"逆旅整设,以通贾商"的句子,说明在东汉末年时,逆旅曾一度风行。到西晋时,逆旅生意更加兴隆。由于公营的客舍接待很差,所以许多官员也奔赴私营客舍。

这时,有一些人开始效仿商鞅,提出要封闭这些"奸淫亡命,多所依凑,败乱法度"的民间旅店。诗人潘岳站出来带头反对这种议论。他写了一篇《上客舍议》,认为私营逆旅是便利过往客商的有利设施,早已成为"历代之旧俗,获行留之欢心",民心难逆。潘岳列举了许由、宁戚、曹操都住过逆旅的实例,指出这是交通、商旅客观之必要。他认为,千里行路,沿途有这些私营逆旅,"客舍洒扫以待,征旅择家而息",正是众庶之望,焉有"客舍废农"之理?这篇文章在我国古代很有名,同时也是交通邮驿史上的珍贵资料,反映了诗人潘岳正确的商品经济思想。

知识链接

风筝通信

我们今天供娱乐用的风筝，在古时候曾作为一种应急的通信工具，发挥过重要作用。传说早在春秋末期，鲁国巧匠公输盘（即鲁班）就曾仿照鸟的造型"削竹木以为鹊，成而飞之，三日不下"，这种以竹木为材制成的会飞的"木鹊"，就是风筝的前身。到了东汉，蔡伦发明了造纸术，人们又用竹篾做架，再用纸糊之，便成了"纸鸢"。五代时人们在做纸鸢时，在上面拴上了一个竹哨，风吹竹哨，声如筝鸣，"风筝"这个词便由此而来。最初的风筝是为了军事上的需要而制作的，它的主要用途是用作军事侦察，或是用来传递信息和军事情报。到了唐代以后，风筝才逐渐成为一种娱乐的玩具，并在民间流传开来。

历史上第一个《邮驿令》

东汉末年，军阀混战，中原地区非常混乱，普通百姓都无法保持正常的日常生活，自然更谈不上正常的通信邮驿活动了。史书上记载此时的情况说："道路壅塞，命不得通。"所谓"命"，就是指皇帝和政府的文书命令，因为战乱，这些文书命令也不能通畅下达了。

《三国志·陈泰传》说，当时由于战乱，"一方有事"，即"虚声扰动天下"。因此，邮递十分困难，地方也很少给中央政府上书，"驿书"传递最多不超过600里。直到政治家曹操统一北方后，才逐渐改变了这种情况。

曹操和他的继承人加强了对邮驿的管理。曹丕建魏后，把长安、洛阳、许昌、邺、谯五个北方大城市建成五个军事重镇，称为"五都"。围绕这五都建立了四通八达的联络通信网。那时，曹魏的通信，绝大多数是军事文书，主要是靠快马投递，步邮较少。这主要是因为当时社会秩序还不是十分稳定，步行邮递很不安妥。即使少量的步行邮递，也不用接力传送，而是找一些善于快跑的人，专程邮递。这些人被称为"健步"，后来称为"急脚子"或"快行子"。他们往往跑完全程，中途不换人。曹魏有些专门的信使级别很高，他们常常可以与公卿同坐。女诗人蔡文姬有一次为丈夫董祀向曹操求情时，即曾碰到过驿使与公卿共坐的场面。《后汉书·董祀妻传》记载当时的情景说："董祀为屯田都尉，犯法当死，文姬诣曹操请之。时公卿名士及远方使驿坐者满堂。"此时信使的身份较高，其原因可能与社会不安定有关，只有较为亲近的人才可以充当信使，这样的人才更可靠。而这些显贵的亲信，其身份比过去充当信差的吏卒的身份要高出很多。

《邮驿令》的制定与实施是曹魏时在邮驿史上作出的最大贡献。这是在魏文帝（220—226年在位）时由大臣陈群等人制定的。内容包括军事布阵中的声光通信、"遣使于四方"的传舍规定以及禁止与五侯交通的政治禁令等。这是我国历史上第一个专门的邮驿法，对后世的影响极为深远。可惜的是，这部邮驿法原文已经失传，只是有些内容可以在《初学记》、《太平御览》等一些后人的辑文中看到。比如《太平御览》有几处引用了这部法令中有关曹操行军用声光通信的内容："魏武（即曹操）军令：明听鼓音、旗幡。麾前则前，麾后则后"，"闻雷鼓音举白幡绛旗，大小船皆进，不进者斩"（《太平御览》卷三四〇、二三四一）。鼓音是声，白幡绛旗是色和光，这是古代声光通信的继续。书里还提到了紧急文"插羽"，即插上羽毛，颇类似后来的鸡毛信。

魏晋时期承袭了两汉时期的邮驿管理制度，主管邮驿的机构归法曹。两晋时，法曹的官吏还利用邮驿宣布新法律。《晋书·律法志》记载，西晋时主管法曹的官吏张华，曾表抄新律死罪条目，张贴在各地邮亭以示百姓。

三国时期，中外交通得到了较大发展，南方的吴和北方的魏，都和西方的罗马有交通往来。那时我国的史书将罗马称为"大秦"。据说，孙权统治东吴时，大秦人秦论来到孙吴首都，即受到热情接待。曹魏也与大秦有陆路交往。据《魏略》记载，大秦的邮驿制度与中国极为相似："旌旗鼙鼓，白盖小车，邮驿亭置如中国……人民相属，十里一亭，三十里一置。"根据记载，我们可以推测，当时的曹魏和大秦肯定在邮驿上有所往来。

西晋统一南北后，以曹魏原来的邮驿为基础，大力发展通信事业。我们从晋时文人间书信往来的频繁，便可以看出那时邮驿发展的规模。西晋著名文学家陆机、陆云兄弟，平日里往来书信十分频繁，今存《全晋文》中陆云写给兄长陆机的信件即达35封。他们在书信中互相切磋学问，相道寒暖，互为勉励。陆云与他的好友杨彦明、戴季甫也经常有书信往来。从他给戴、杨的信中所云"疾病处远，人信稀少"，"去书不悉，得书以为慰，时去荏苒，岁行复半"等语来看，通信人之间往往隔着极远距离，也就证明了当时的邮驿可以走到很远的地方。

东晋十六国时期，北方长期的战乱影响了邮驿的发展。但从一些史籍记载看，那时军事驿传还在坚持进行。与祖逖齐名的晋朝将领刘琨，北伐时曾给晋太子和丞相各写一封书信，向政府汇报北上战斗的困难。这两封信现留存在《北堂书钞》和《太平御览》中。此二信得以留存下来，说明当时刘琨的书信已顺利到达了晋都，中途经由刘琨的北伐战场山西上党和河北正定，远达千里之遥。

刘备、诸葛亮对四川邮驿的贡献

曹魏在北方建立政权的同时，刘备在四川的蜀汉政权也建立了。当时四川的山路居多，交通比较落后。刘备和丞相诸葛亮在开辟四川邮驿事业上，做出了重要贡献。

刘备建汉后，在汉中地区建立了北伐的军事基地以对付北方的曹魏。为打通军输要道，在四川与汉中之间开通了四条主要道路，这就是著名的子午道、傥骆道、褒斜道和金牛道。蜀国还在汉中设置了重要军事关隘白水关。白水关周围的山上布满了烽火楼。从白水关到国都成都400里间设置了一系列亭障馆舍，以保障邮驿的正常运行。在与东吴交界的荆州地区，大将关羽也在沿江设立了军用通信的"斥堠"，烽火台从后方一直通达襄樊前线。

诸葛亮治蜀时，对边疆地区的邮驿也作出了很大贡献。位于今四川西昌地区的越巂，当张嶷出任太守时，说服当地少数民族首领共同修复了千里旧道，把荒废多年的古亭古驿都使用起来，恢复了蜀国与这一地区的邮驿。

蜀国邮驿几乎没有车传，邮递大部用驿马传送，从事此项工作的人称为"驿人"。诸葛亮在军事通信方面作出了很多贡献。比如，今传《武侯兵法》中，就记录了诸葛亮许多利用声光军事通信的实例。他的"治军七禁"中，有所谓"受命不传，传命不审，以惑军士；金鼓不闻，旌旗不覩"，称之"慢

古代客栈

军";所谓"金鼓不具,兵刃不利",称之"欺军";所谓"闻鼓不行,鸣金不止,案旗不伏,举旗不起,指麾不随,避前在后",称之"背军"等七项,皆属严禁之列。这都是行军中声光通信的运用。又说:"十里之内,数里之外,五人为部,持一白幡,登高外向,明看隐蔽之处……""凡候见贼百人以下但举幡指,百人以上便举幡大呼,主者遣疾马往视察之。"这是声光通信与邮驿通信有机结合的最好证明。

在诸葛亮留下的《兵要》中,还记载了他治军临战所用声光通信的五色旗法。这在行军途中特别适用——先"使候骑前行,持五色旗:见沟坑揭黄,衢路揭白,水涧揭黑,林薮揭青,野火揭赤。以本鼓应之,立旗鼓以相闻"。意为先行军手持五色旗,以旗色标志后面大军的前进道路情况。若有沟坑则举黄旗,通畅的大道举白旗,遇有水涧举黑旗,有树林挡道举青旗,遭遇野火便举红旗。后面大军若已看清旗色,便以旗鼓相闻。上面的例子,都说明诸葛亮十分重视军事指挥中通信的效应。

第三章　魏晋南北朝邮驿：逆旅风行

蜀国与北方的魏和东边的吴之间，皆有通信往来。据史书记载：名士许靖在蜀国任太傅后，和他过去在北方的好友魏国大臣华歆、王朗等都不断有书信往来，"申陈旧好"。《三国志》引《魏略》有一封王朗写给许靖的信，称"前夏有书而未达，今重有书，而并致前问"。魏国其他大臣和蜀国一些大臣也常互有通信。魏国官至尚书仆射的陈群，就曾有书信给诸葛亮，打听蜀国尚书刘巴的消息。而蜀国与吴国的友好书信往来则更多。史书上说："东之与西，驿使往来，冠盖相望，申盟初好。"诸葛亮与兄诸葛瑾、大将陆逊都有着密切的书信通好。

南方水驿的兴起

水驿的出现是三国时东吴邮驿最大的特点。吴国的统治中心在江南水乡，境内多有水道，所以当地的邮驿水陆兼行。当时周瑜在柴桑驻扎，孙权要找他共商军国大事，就通过水驿去召见他。那时吴蜀间的往来比较密切，交通也要靠船。北方曹魏方面若有使者来吴，有时也靠水驿乘船。

驿使（甘肃嘉峪关魏晋墓砖画）

两晋时期，南方的水驿得到了进一步发展。东晋时江州一带水陆两驿相兼。陆上的驿路十分齐整，两旁栽种杨柳，号为"官柳"，从九江到南京全部为江行水驿。那时水路速度很快，一天一夜可行船约300里。

南朝时期是江南水驿最为发达的时期，很多书信公文的运输和官员出使全靠水路。水驿甚至发展到用于和西域各国的通信联系。据史学家唐长孺先生考证，当时有一条从南朝首都金陵出发的"河南路"，即先从水路西溯巴蜀，然后再逆江而行，穿过今青海到达西域各国。

通过水驿或海上运输，南朝还加强了和邻国朝鲜、日本的经济文化联系。南朝刘宋政权，日本与之海上通使八次。南齐时，中原和高丽国也是"乘舶泛海，使驿常通"（《南齐书》卷五八《高丽传》）。当时很可能是高丽国使先从山东东莱登岸，再兼行邮船和驿传南行到南朝。

后来，水驿在北方也得到了逐步发展。史书记载，在北魏时，有水路运输，一昼夜可兼行数百里。北朝在渡口处设有"津吏"，专门管理水驿的通行。

到隋唐时，水驿得到了更大发展。

少数民族地区邮驿的发展

魏晋南北朝时期，是我国历史上民族融合的重要时期。自东晋十六国到北朝止，北方有许多少数民族建立过政权。他们或偏居边陲一方，或几至统一整个北方。这些民族政权对北方邮驿事业的发展，都起到过重要作用。

即使是在西晋末东晋初，北方战事尚十分混乱的情况下，北方少数民族政权中的一些有识之士就已把邮驿作为巩固统治的一项重要措施利用起来。到后赵羯人石勒统治时，北方邮驿有了进一步发展。东晋人曾描绘当时后赵境内邮驿的有效实施情况时说："贼（后赵）之邮驿，一日千里"（《晋书》卷七七《蔡谟传》）。石勒经常用迅速的军事驿传来及时通报军事情况，并用军驿来发布命令，调动军将。这就证明了当时的驿传系统是十分畅通的。

魏晋南北朝时，邮驿在我国一些边远的少数民族聚居地区也逐渐兴盛起来。最为明显的就是甘肃一带。1972年，在甘肃嘉峪关魏晋墓里，曾出土过一块画像砖。上面画着一个驿使骑在飞驰的红鬃马上，一手持缰，一手举着文书，急行传递，将当时驿传的情况极为生动地表现了出来。

第三章　魏晋南北朝邮驿：逆旅风行

据历史记载，曹魏时期，派仓慈到敦煌做太守。他到任后，严厉打击了当地控制交通要道的不法豪强，使当地的国家邮驿和平民交通得到了保障和正常运行。他还鼓励外国客商经河西走廊到中原地区经商，发给他们去洛阳的"过所"（通行证），派专人护送出境。仓慈治理甘肃河西走廊期间，当地的经济、文化大大发展起来。后来，仓慈病死敦煌，连外来客商也悲痛万分，他们纷纷聚在仓慈任所举哀，并为仓慈立了纪念祠堂（《三国志·仓慈传》）。

魏晋南北朝时期，我国新疆地区的邮驿也得到了发展。今新疆民丰出土的一件木简，详细记载了西晋初年晋朝使者带着西域长史的文书前往敦煌的情况。这些古代文书，记录了当时中原通过河西走廊通往鄯善的驿道情况。在连接中原和新疆的驿道上，邮驿机构比较完善，驿道沿途各站有专人负责，在木简上刻着"督邮"的官称，有些简上还有地方官吏的联合签名。在今新疆罗布泊地区发现的一件泰始六年的简牍文书上说，一个信使携带着16封文书，都是由西域长史签发的，其中12封应寄敦煌，两封寄往酒泉，另两封是寄到其他地区的。泰始是晋武帝的年号，泰始六年为公元270年。这一木简说明了西晋初年河西走廊和新疆地区邮驿畅通的情况。

前秦和北魏统治时期，北方驿路更为畅通。《晋书》曾记载苻坚统治时期，邮驿制度在王猛的管理下，十分整齐严密："二十里一亭，四十里一驿，旅行者取给于途，工商贸贩于道"（《晋书》卷一一三《苻坚载记》）。驿道两旁，皆种上槐柳，绿阴成行。苻坚和王猛的政绩受到了百姓的赞扬。苻坚常常命令部下用驿车征召贤士。当他知道西域有一位名叫鸠摩罗什的高僧时，命令大将吕光一定要把他请到前秦来："若获罗什，即驰驿送归"，运送工具，也靠邮驿。北魏的驿道，四通八达，往西可一直通到西域，与波斯的驿路连接起来。近年来，在宁夏六盘山东麓的高平镇，考古发现了一批波斯萨珊王朝的银币、鎏金银壶、玻璃碗、青金石戒指等，说明当时这里的邮驿来往十分频繁。

北魏时期，通信专使有着很特别的称呼，常常仿古代鸟官龙官名，比如称各部曹的信使为"凫鸭"，称更下级的候官叫"白鹭"。这些名称，都为取其飞腾之迅速和引颈远望之意。北魏的鲜卑族统治者，还用本族语言称呼信使，如叫他们为"比德真"（文书吏）、"拂竹真"（乘驿人）、"咸真"（地方乘驿人）等。这些情况都反映了当时的民族特色。

私邮和私营逆旅

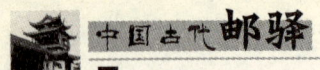

魏晋南北朝时期将"传"和"亭"逐渐统一为驿站制度，这是邮驿的一个显著发展趋向。就是说，中央和地方的一般公文，一概由驿独立承担。主要文书则由发件单位派出专人送递，但途中替换的车马和食宿也全由驿来供应。这样，"驿"就成为邮驿路上的惟一机构，它同时兼管起交通线上送往官员、专使和宾客的任务（这一任务先前是由传和亭来担负的）。另一方面，安排非官方的客商及私人旅客的食宿，则由一种新兴的私人旅店和寺院旅店来替代。

私邮在这个时期还没有很普遍地出现，只有少数大官僚办过只供他本人使用的邮驿机构。普通百姓的邮件，仍只靠过往商旅捎带，或靠亲朋中有任官职的人转送。例如，曾著有《后汉书》的南朝史学家范晔和名士陆凯是十分要好的朋友，他们常有书信来往。有一次，陆凯从江南托人给在长安的范晔捎去一枝梅花，并赋一诗曰："折梅逢驿使，寄与陇头人。江南无所有，聊赠一枝春。"这一故事成为了文坛千古佳话。但这种凭关系捎带书信的方式是没有安全保障的。东晋时就出过这样一件事：有个姓殷名羡字洪乔的人，他做官到豫章太守。有一次他从京城返回本郡就职，京城各界人士求他捎带了100多函书信。但这个人刚刚走出城外，就把这些信件都投入水中，口中还诅咒道："沉者自沉，浮者自浮，殷洪乔不为致书邮。"（《晋书·殷浩传》）这件事引起了公愤，写史的人把这一事件起了个专有名词，叫做"洪乔之误"，意思是这个名叫洪乔的人耽误了许多人的事，让后人都来谴责这个言而无信的人。除此之外，南北朝时还存在过另一种方式的私邮，那是由各地的富商们筹办的、主要以沟通物价信息为主要邮寄内容的形式。

魏晋南北朝时期，私营客舍大大发展起来，早期的笔记小说《汉武故事》就曾描写过一个汉武帝微服私访住逆旅的故事。那个逆旅老板竟把汉武帝当成了半夜行劫的江洋大盗。《后汉书》也曾在许多列传（如第五伦、周昉等人）里叙述了当时"行宿逆旅"、"亭舍"的情况。到南北朝时，私邮的发展更为迅速，无论南方北方，一些官僚都有自营客店存在。民间私营逆旅事业的发展，不仅说明了当时商业的繁荣，同时也从一个侧面反映了那时邮驿事业的兴盛。

第二节
十六国时期的邮驿

服务于军政的通信系统

西晋灭亡后，北方先后出现了成汉、前赵、后赵、前凉、前燕、前秦、后燕、南燕、北燕、后秦、西秦、胡夏、后凉、南凉、北凉、西凉等大小割据政权。这些大小政权被称为"五胡十六国"。十六国尽管有民族的局限，都是封建政权，但淝水之战后，各族人民在相互接触与融合的过程中都吸取了先进的文化，相互促进，共同提高。在这个时期，邮驿通信不仅得到了恢复，而且有所发展。

十六国都建立了邮驿组织。刘渊的汉，石勒的后赵，虽然有更多的民族分立色彩，但邮驿的建立还是以汉族的传统形式为基础的，如刘渊就说："纸檄尺书，谁为之奉之"，可见文书形式一如中原。他为了征召贤士，也采用了驿书，如（陈）"元达少有志操，渊尝招之，元达不答。及渊为汉王，或谓元达曰：君其惧乎？元达笑曰：吾知其人久矣，彼亦亮吾之心，但恐不过三二日，驿书必至。其暮，渊果征元达，元达事渊，屡进忠言，退而削草（起草公文），虽子弟莫得知也"（《通鉴》卷85）。石勒建立的后赵，邮驿更为发达，东晋人曾描绘说："自寿阳至琅琊，城壁相望，其间远者裁百余里，一城见攻，众城必救……（东晋）大军未至，声息久闻，而贼（后赵）之邮驿，一日千里，河北之骑，足以来赴，非惟邻城相救而已。"（《晋书》卷77）后赵依靠驿从事军事文书的传递和征召，如"赵主（石）勒以驿书敕（郭）敬退屯樊城"（《通鉴》卷94），说明从国都邺至襄阳间的驿路十分畅通。贤士麻襦要求回乡，石季龙也是"遣驿马送归本县"，"使人如言而驰，至（合口）桥，麻襦已先至"（《晋书》卷95）。石勒还与东晋的祖逖互通书信，请求"互市"，可能也是发驿传递。

公元351年，前秦建都长安，376年灭前凉，一度实现了北方的统一。前秦在苻坚执政后，重用王猛，一岁五迁，任其为尚书令，太子太傅加散骑常侍。在王猛的治理下，恢复和发展了北方（尤其是关陇地区）的经济。在通信方面，完成了以长安为中心的通向各郡的驿路建设。史称："王猛整齐风俗，政理称举，学校渐兴，关陇清晏，百姓丰乐。自长安至于诸州，皆夹路树槐柳。二十里一亭，四十里一驿，旅行者取给于途，工商贸贩于道。百姓歌之曰：长安大街，夹树杨柳，下走朱轮，上有鸾栖。英彦云集，诲我萌黎"（《晋书》卷113）。这其中虽然有所夸大，但长安附近通向秦州、雍州、洛州、梁州等处的驿道肯定是比较发达的。苻坚对贤士往往用驿征召，有的用驿马，有的用安车。比如，他听说西域高僧鸠摩罗什才学不凡，便命大将吕光出师西域时，"若获罗什，即驰驿送归"。苻坚遣使巡行四方时，还"以安车蒲轮征隐士乐陵王欢为国子监祭酒"，并发安车到敦煌征隐士郭瑀。有一次隐士张忠请归，则"坚以安车送之，行达华北，及关而死。使者驰驿白之"（《晋书》卷94）。这个事例很好地说明了传驿结合的通信方式。前秦通过邮驿可以迅速传递军事情报，平息内乱，如"丁零翟斌，起兵叛秦……秦王坚驿书使（慕容）垂将兵讨之"（《通鉴》卷105）。苻洛反叛时，头一次所派平叛的左将军师行迂缓，苻坚又派"右将军都贵驰传诣邺，率冀州兵三百为先锋"（《晋书》卷113）。由此可见，前秦是有着很高通信效率的。

淝水之战后，前秦土崩瓦解，出现了大小十几个政权，但他们在邮驿方面还是大同小异。如后燕虽是鲜卑族政权，但也同内地一样，中央有公车，基层有亭吏。夏国起草文书也是由中书侍郎负责。北凉通告各地也要求"露布远达，成使闻知"。西凉征兵也由兵曹下符到郡县。西秦也有尚书、侍中等，"一如魏武、晋文故事"。

虽然战乱不断，但各国之间仍保持着通畅的通信。这也是中国历史上两国交兵不斩来使的传统影响。后燕的慕容垂曾说："古者兵交，使在其间"。北燕太史令张穆也曾对国王说："自古未有邻国接境，不通和好，违义怒邻，取亡之道。"因此，不仅十六国之间互通使节，南北间的通信联系也保持良好。如东晋与辽东的鲜卑族之间，"信使不绝"，前凉、西凉、北凉与东晋及以后的刘宋政权之间也是使者相望于道。

知识链接

灯塔

灯塔起源于古埃及的信号烽火。世界上最早的灯塔建于公元前7世纪，位于达尼尔海峡的巴巴角上，像一座巨大的钟楼矗立着。那时人们在灯塔里燃烧木柴，利用它的火光指引航向。公元前280年，古埃及人奉国王托来美二世菲莱戴尔夫之命在埃及亚历山大城对面的法罗斯岛上修筑灯塔，高达85米，日夜燃烧木材，以火焰和烟柱作为助航的标志。法罗斯灯塔被誉为古代世界七大奇观之一，1302年毁于地震。9世纪初，法国在吉伦特河口外科杜昂礁上建立灯塔，至今已两次重建，现存的建于1611年。在古老的灯塔中，意大利的莱戈恩灯塔至今仍在使用。这座灯塔建于1304年，用石头砌成，高50米。美国的第一座灯塔是建于1716年的波士顿灯塔。此后，1823年建成透镜灯塔，1858年建成电力灯塔，1885年首次用沉箱法在软地基上建造灯塔，1906年落成第一座气体闪光灯塔。1850年，全世界仅有灯塔1570座，1900年增到9400座。到1984年初，包括其他发光航标在内，灯塔总数已超过55000座。

北方边疆的邮驿

十六国时期，偏居河西的前凉国也在今罗布泊附近设了西域长史府。根据当地出土的文书可以推测，此地是当年前凉传递文书的重要驿站。那里的出土文书与中原格式完全相同，包括发信日期、寄信人等内容。这说明，在十六国时期罗布泊地区的邮驿业务和中原一样发达。另外，在罗布泊还发现了新疆地区的焉耆王和前凉张氏政权之间频繁书信往来的物证。这批文书记载了当时在罗布泊地区发生的一次军事政变：一个名叫赵贞的叛将举兵谋反，前凉的西域长史李柏曾上书政府要求弹压。文书中包括了李柏致前凉主张骏的一封上书，和同时发给焉耆国的两封信，意思是向焉耆王转告他已代表前凉政府来西域上任。

十六国时期，新疆地区有两个强大的少数民族政权。一是南部的鄯善国，该国控制着从罗布泊直到今南疆民丰、于田等地区。鄯善先后臣服于西晋、前凉和后来的北魏，但它的独立性很强，国内经济发达，且邮驿系统较为完善。在古鄯善地区，出土了许多两晋南北朝时期的木简文书，包括汉文和当地少数民族文字文书，有数千件之多，其中已译出的怯卢文文书即达764件。这些佉卢文木简一般都用两板相合，刻槽系绳，填以封泥，和中国古老的简牍制度完全一致。从这些文书中可以看到，古鄯善国有一类称为"向导"的人员，这些人员专职驿道服务，负责接待各地使节、客商，运送公文信件。这种"向导"是按驿站依次接力服务的，他们备有快速骆驼，及时传送公文信件和货物。这些向导会从政府获得一定的工钱和粮食，所用骆驼若在中途死亡，也会由地方长官给予赔偿。他们出差从事邮递服务时，其家属则由当地官府给予"照顾"。所以，他们和政府是一种雇佣关系。依靠这种关系，驿传制度才得以在广大的鄯善国内保持完善。十六国时，在北疆还有一个称为龟兹的强国。该国从两汉时就和中原保持经常联系，驿使来往一直保持了到南北朝时期。公元5世纪末叶，龟兹国向东有一条经过焉耆、高昌、伊吾、河西直通长安的大路。龟兹向西、向北也都辟有驿道。

第四章

盛况空前的隋唐邮驿

隋唐时期是我国封建社会的盛世,邮驿事业在这一时期显得空前繁盛。驿的数量增多,交通线路畅通全国各地,这些都是邮驿事业发达的标志。唐朝先进的邮驿制度,对周围的邻国也产生了影响。

第一节
隋唐邮驿的组织与管理

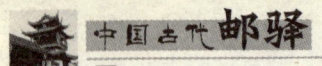

隋唐邮驿概况

隋唐以南北朝时的驿传合一的制度为基础,继续发展邮驿事业。"驿"代替了以往所有的"邮""亭""传",执行各种各样的任务,既负责国家公文书信的传递,又要传达紧急军事情报,还兼管接送官员、怀柔少数民族、平息内乱、追捕罪犯、灾区慰抚和押送犯人等各种事务,有时还要管理贡品和其他小件物品的运输。隋唐时期的驿遍布全国,像一面大网一样密布在全国的交通大路上。据《大唐六典》记载,最盛时全国有水驿260个、陆驿1297个。隋唐时期有一支很庞大的邮政队伍,专门从事驿务的员工有2万多人,其中驿夫17000人,由此可见隋唐时期邮驿事业的发达程度。

隋唐时期,私营旅舍的存在极为普遍,但当时其名称仍为"逆旅"。

唐代的交通线路畅通全国各地。著名散文家柳宗元在《馆驿使壁记》中记载,唐时以首都长安为中心,有七条重要的驿道,呈放射状通向全国各地。

第一条是从长安到西域的西北驿路,自长安经泾州(治所在今甘肃泾川北)、会州(治所在今甘肃靖远北)、兰州、鄯州(治所在今青海乐都)、凉州(治所在今甘肃

古代客站

第四章 盛况空前的隋唐邮驿

仿古客栈

武威)、瓜州（治所在今甘肃安西东南)、沙州（治所在今甘肃敦煌）直达安西（今库车）都护府。

第二条驿路是从长安到西南，自长安经兴元、利州（治所在今四川广元)、剑州（治所在今四川剑阁)、成都、彭州（治所在今四川彭县)、邛州（治所在今四川邛崃）直达今川藏地区。

第三条是从长安至岭南的驿路，由长安经襄州（治所在今湖北襄樊)、鄂州（治所在今武汉市武昌)、洪州、吉州、虔州（治所在今江西赣州）直达广州。

第四条是从长安至江浙福建的驿路，由长安经洛阳、汴州、泗州、扬州、苏州、杭州、越州（治所在今浙江绍兴)、衢州（治所在今浙江衢县）直达福建泉州。

第五条是从长安到北方草原地区的驿路，自长安到同州（治所在今陕西大荔)，再经河中府（治所在今山西永济)、晋州（治所在今山西临汾)、代州（治所在今山西代县)、朔州（治所在今山西朔县)，直达北方单于都护府。

其他两条各自是长安至山东、东北地区和荆州、夔州（治所在今四川奉节县)、忠州等四川云贵地区。

在宽敞的驿路上，则是："十里一走马，五里一扬鞭"，"一驿过一驿，驿骑如星流"，有着非常好的邮递效率。据推算，中央发出的政令，只需两个月时间便可推行全国。因此，隋唐发达的邮驿事业推动了经济的发展，保证了中央各种制度在全国的推行。

除了国内这七条主要驿路外，唐朝还设有很多对外的国际性驿道。中唐有位地理学家写过一篇《记四夷入贡道里》，说到唐朝的国际交往线也有七条：一为从营州入安东之道；二为登州海行入高丽渤海之道；三为从夏州、云中至蒙古草原之道；四为入回鹘之道；五为安西西域之道；六为安南天竺之道；七为广州通海夷之道。通过这些水陆通道，可抵达朝鲜、日本、中亚、印度和东南亚各国。

唐朝中期正式建立了情报机构进奏院。这是一种地方驻守在中央了解情况的联络机构，其功能与现在位于首都北京的各省、市、自治区的驻京办事处极为相似。进奏院定期把中央或都城发生的一些政界、军界大事，如官员的任免、军事快报、皇帝行踪等，向本地区的首脑人员汇报，这些首脑人物在当时具体来说主要是节度使。进奏院的官员级别较高，最高时，他们的职

古城凉州

第四章　盛况空前的隋唐邮驿

位相当于中央的御史大夫，即副宰相的级别。他们自有一套通信系统，但主要还是利用官驿的设备。进奏院的出现，促进了新闻报纸《开元杂报》的问世。《开元杂报》是一份雕版印刷的文书，由进奏院的人员编辑，内容包括从各进奏院收集来的军事、政治情报。进奏院机构的诞生和《开元杂报》的问世，都证明了唐朝时消息的畅通，也说明了隋唐时期邮驿事业的发达。

随着唐朝国力的不断增强，边疆少数民族地区的邮驿也有了很大发展，其中今新疆地区驿路的建设是最为明显的。那时，今吐鲁番一带为唐朝的西州。它北达庭州（治所在今乌鲁木齐），南到沙州，东抵伊州（治所在今哈密），西至安西，都有宽敞的驿路相通。西州内部建有驿路11条，据今存《西州志》残卷载，有花谷道、大海道、银山道等。敦煌遗书《沙州图经》一共记载了20个驿站，有州城驿、横涧驿、阶亭驿、双泉驿、第五驿、悬泉驿、无穷驿、空谷驿等。这些驿设在城池边上，有的靠近溪流泉水，有的则

《开元杂报》

中国古代邮驿
ZHONG GUO GU DAI YOU YI

唐朝,通四川青海和宁夏地区等地也各有多条相通的驿道

在惊险的山路上,而且集中在今敦煌县一个县境内。一县就有这么多驿,可见当时敦煌地区驿路发达的程度何其之高。

回纥是今天维吾尔族的祖先,位于西北。在唐朝前期,就由吐迷度可汗建立了邮递。唐太宗又在其南特置68所邮驿,使双方使节来往更为方便;并在驿路沿途颁发了邮驿行路的符信,在符信上画有金鱼,写上金字。唐时居今云南一带的南诏,也在唐朝帮助下建立了自己的邮驿通信系统。那时,南诏到四川有多条驿路相通,还有许多支道南通印度、缅甸和安南的国际通道。唐朝通四川青海和宁夏地区等少数民族地区,也各有多条相通的驿道。在东北辽宁地区,唐朝和当地的靺鞨、渤海诸族有水陆两路相通。

唐朝先进的邮驿制度,也影响了周围邻国。唐朝隆重接待外国驿使和政府官员、各地接待外宾的仪式隆重,招待周到。唐政府还在长安设置了"四夷馆",专门接待外宾;楚州(治所在今江苏淮安)有专门接待新罗客的"新罗馆",扬州有专门接待日本使者的"扶桑馆"。外宾所到之处,先在郊外的驿馆迎候,由宫廷内史亲自摆酒设宴。唐朝和日本联系密切,日本曾15次派遣使者来中国,中国使者曾10次前往日本。唐朝的邮驿组织被引进到日本,建立了富有日本特点的邮驿制度。到宋朝初年,日本已建有414驿,使日本的经济文化得到了有效发展。

隋唐的邮驿组织

隋唐的邮驿组织已形成一套完整的管理系统，包括行政、监察两大部分。唐代邮驿的中央管理机构是尚书省的兵部，这就改变了汉魏历代由法曹兼管邮驿的体制。兵部负责管理邮驿更能满足军事需要，因"邮驿本备军速"。据《隋唐嘉话》记载，唐代有一位宰相，同时也兼管兵部，这是为了能够详细地了解各条驿道，以掌握各地兵力部署。

据《旧唐书·职官志》记载，兵部下设"驾部郎中员外郎一人（从五品上，龙朔为司舆大夫也），员外郎一人（从六品上），主事三人（从九品上），令史十人，书令史二十人，掌固四人。郎中、员外郎主职掌邦国舆辇、车乘、传驿、厩牧、官私马牛杂畜簿籍，辨其出入，司其名数。凡三十里一驿，天下驿凡一千六百三十九，而一监牧六十有五，皆分使统之"。

地方上原是州县两级，以后道逐渐也成为一级行政单位，每级都有专人负责管理邮驿。道由节度使、观察使属下的判官作为专知（传）驿官，并有若干巡官（知管驿人）分管数州。州则由馆驿巡官或本州兵曹、司兵参军掌管。《唐六典》说：兵曹、司兵参军掌武官选举、兵甲器杖、门户管钥、烽候传驿之事。县则由县令或知驿官负责，即"传驿、仓库……河堤道路，虽有专当官，皆县令兼综焉"。很多史料都有这方面的记载。如："元和五年（810年）正月，考功奏：诸道节度使观察等使，各选清强判官一人，专知邮，驿"（《唐会要》）。道下分管数州的巡官，如"摄郓，曹、湫等州馆驿巡官、乡贡进士贾防"。专管一州的馆驿巡官事例也不少。如李克用推荐的敬翔，"自进士奏为光禄寺主簿，署馆驿巡官，居中以司记奏之职"（《册府元龟》309）；"宣州管驿崔巡官"等（《唐语林》卷4）。县则由知驿官负责，如"李夷简建中末为华阴尉……（朱泚伪使）至华阴县，夷简见泚使非尝（常）人也，言于知驿官李翼，令捕斩之"（《册府元龟》卷705）。

管理邮驿组织不仅只有行政系统，还有一套自上而下的监察系统，所谓"畿内有京兆尹，外道有观察使、刺史迭相监临。台中又有御史充馆驿使，专察过阙"（《册府元龟》卷546）。这句话的意思就是，中央为御史负责监察，初唐时已"牧巡传驿，宜由御史出使，便令校察"。中唐时规定御史"第一人察吏部礼部兼监察使，第二人察兵部工部兼馆驿使"。馆驿使一度由长安和洛

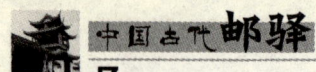

阳（东都）各出一人，重点监督两京间的驿馆。以后又任命第五琦为诸道馆驿使，扩大了监察范围。中唐以后，则常以宦官出任馆驿使。在各道和京兆府则往往以地方行政官员兼管监察，如"杜济除京兆尹充本府馆驿使，自后京兆常带使"。至于州县，则由刺史和县令监督邮驿。

行政、监察系统负责的是通信设施及人员的一般管理，至于具体的通信业务则另有一套管理系统。由于各省、司均可向下发文，各州也可平级通信，自然另需一套收发机构。这套收发系统大致如下：

政事堂是唐代三省议事决策的机构。唐代人李华在《政事堂记》一文中说："政事堂者，君不可以枉道于天，反道于地，复道于社稷，无道于黎元。此堂得以议之。"宋代人宋敏求说："唐时政事堂在门下省，而除拟百官，必中书令宣侍郎奉舍人行进入敕画字……然后政事堂出牒布于外，所以云牒奉敕云云也。"尚书省、门下省和中书省，都与通信有着密切关系。尚书省辖有六部，兵部直接管理邮驿，刑部控制大小关隘。门下省"掌出纳帝命"，"若发驿遣使，则给其传符以通天下之信"，并对欲发出的诏令有封还之权。中书省则除了起草文书诏令外，还负责收受表章，管理平民上书用的匦。由此可见，文书的上呈下达，都与三省及其合议机构政事堂密切相关。

设在京畿的御递院大概是负责政事堂与各道、州间文书的呈递与转发的。御递院由京兆尹亲自领导。史称，"京兆尹在私第，但奇日入府，偶日入递院"。京兆尹还兼本府馆驿使，隔天一去御递院。京兆府所管之驿是通向全国各地的咽喉，京畿诸驿的马匹在数量和质量上也都是第一流的（《册府元龟》卷546）。曾有皇帝拨出数百匹御用的飞龙马交京畿诸驿作为补充的记载。御递院的经费除正常拨付外，还有户部的借款，充本收利以助公厨。京城内设有四方馆（隋隶鸿胪寺，唐隶中书省）和鸿胪客馆，分别用于接待国内外的使者。京城东门以北为都亭驿，这条驿道是沟通内外的必经之路。

随着节度使势力的强盛，又出现了诸道奏事官和诸州进奏院，成为地方与中央间的通信桥梁。诸道进奏官、诸州进奏官、步奏官实际上是从属于地方军政长官的通信专使，利用国家的邮驿设施，在首都与各地之间来往。进奏院设于京城内部，具有藩镇的驻京办事处性质。

邮驿组织的任务

隋唐的邮驿是传与驿完全合一，这是与前代的最大区别。传的任务除保

第四章 盛况空前的隋唐邮驿

留若干馆外都交驿一并进行。县以下的邮亭或是变为驿，或是取消。虽然隋唐时期偶尔也会用传舍、邮亭的说法，但都是驿的几种别称。如长乐驿又称长乐传舍、长乐驿亭，就是一证。每个驿都备有传马和驿马，供来往的官员和通信使者替换。因而，隋唐的驿也就由主要担负通信而改为以通信、迎送和小件货物运输为主的组织。从隋唐发驿的记载中，我们可以推测出驿的大概作用：

（1）中央与地方之间的公文书信，如诏书、符牒、奏章、谢表等的传递。重要文书派专使乘驿传送，一般文书交驿发递。长庆二年（822年）三月一日，下诏说："除事关急切须遣专使外，其余书诏文牒，一切分付度支入递发遣。"

（2）报告紧急军情，分专使和交驿两种，也称交驿奏闻。

（3）官员赴任，由发传改为发驿，虽然偶尔会有乘车的，但绝大多数情况下都是骑马。此时，传、驲已与驿同义。如："司刑卿杜景俭授并州长史，驰驿赴任"（《朝野佥载》卷6）；又如"李师望……准诏领义成、武宁、兖海、宣润等道兵士一千七百人，乘驲赴任"。

知识链接

通信塔

18世纪，法国工程师克劳德·查佩成功研制出一个加快信息传递速度的实用通信系统。该系统由建立在巴黎和里尔230千米间的若干个通信塔组成。在这些塔顶上竖起一根木柱，木柱上安装一根水平横杆，人们可以使木杆转动，并能在绳索的操作下摆动形成各种角度。在水平横杆的两端安有两个垂直臂，也可以转动。这样，每个塔通过木杆可以构成192种不同的构形，附近的塔用望远镜就可以看到表示192种含义的信息。这样依次传下去，在230千米的距离内仅用2分钟便可完成一次信息传递。该系统在18世纪法国革命战争中立下了汗马功劳。

（4）派遣官员前往怀柔少数民族、平息内乱或镇压农民起义，也称乘驿。如："姚巂逆蛮反，命（裴）怀古驰驿往怀辑之"（《新唐书》卷197）；"蜀人苦造船之役……州县督迫严急……剑外骚然。上闻之遣司农少卿长孙知人驰驿往视之"（《通鉴》卷199）。

（5）追捕罪犯、司法审案也往往派遣官员驰驿前往。如："制河南尹王怡驰传往长安，穷其枝党"（《旧唐书》卷96，传也是马）；"诏刑部尚书唐临驰传案复，被诖误者悉免之"（《册府元龟》卷136）。

（6）派遣官员前往受灾地区慰抚。如："湖岭旱叹……老弱死道上，强壮入贼中。爰求使臣，以救其弊……遂使（权审）乘驿视吾饥人"（《全唐文》卷748）。

（7）征召以及给僧道、贤士等人的特殊礼遇也用驿。如："敕内给事孙乾进驿骑迎请（高僧慧忠）"（《宋高僧传》卷9）；"崇元署远道女官僧尼道士拜见天子，州县给程"（《新唐书》卷48）；"诏河北、淮南举孝悌淳笃……为乡间所推者，给传诣洛阳宫"（《旧唐书》卷3）。

（8）押送犯人，传报首级。如："遂（将王弁）加以桎梏，乘驴入关……腰斩东市"（《通鉴》卷241）；"兵败，斩（权）梁山，传首东都"（《旧唐书》卷8）。

（9）贡品运输。如："傅宗在蜀，贡输踵驿而西"《新唐书》卷190）；"唐天宝中，妃子（杨玉环）尤爱嗜（荔枝），涪州岁命驿致，时之词人多所称咏"。

（10）运输小件物品。如："吴岳碑，自首至座七段，明皇八分书……当时日书三字，发三驿，刻工亦然"；"晋谢灵运须美，临刑，施为南海祗洹寺维摩诘须……（唐）中宗朝，安乐公主……欲广其物色，令驰驿取之"（《新唐书》卷190）

武则天执政时，允许告密的人乘驿马进京。唐玄宗初年曾下令戍边生病的士卒也可给驴乘返回。

以上的事例都说明邮驿只是为政权服务的工具，一般平民百姓是没有权利使用邮驿的。

在隋唐时，已经很少有邮驿接待商旅的情况了，因为当时的私人客舍、邸店已经非常普遍，行旅没有必要去驿馆歇息。

隋唐在允许官员（包括有影响的文人）利用邮驿通信方面有了重大突破。隋唐以前，官员互通私书，经历了严禁、部分限制等几个阶段。所谓"国禁

第四章 盛况空前的隋唐邮驿

书疏,非吊丧问疾,不得辄行尺牍"(《全唐文纪事》卷1),即是魏晋时期的写照。进入隋唐以后,官员之间的私信往还、彼此唱和,基本上是十分自由的。公元618年,唐高祖下特诏宣布解除官员间禁通音信的命令。诏书指出:"自隋氏驭宇,政刻刑烦,上有猜阻之心,下无和畅之志。遂使朋友游好庆吊不通,卿士联官请问斯绝……自今以后内外官人须相存问,勿致疑阻。有遇疾疹递加诊候,营救医疗,知其增损。不幸物故及遭忧邮,随事慰省,以申情好"(《唐大诏令》卷110)。从此,官员之间便可以合法地通过专门派人和托人捎带互通音问了。一些官员还可利用乘驿外出的使者捎带口信、代递书信。在唐代官员间的通信中,通过邮驿代递的也不在少数。例如,白居易在《与刘禹锡书》中说:"韦杨子(递中)李宗直陈清等至,连奉三问。"据考证:"杨子,指杨子院,当时漕运盐铁,设置在杨子(今扬州)的分设机构。韦是该院的主管官员,称韦杨子。递中,指杨子院递送到河南府的公文中,附有刘致白的信件(当系刘从苏州托韦杨子转递的)。公文中附寄私人函件,亦见于唐人文字。"柳宗元的《与李翰林建书》中也说:"杓直足下,州传遽至,得足下书,又于梦得(指刘禹锡)处得足下前次一书。"这些都能很好地

长宁驿曾是唐代至明、清设在关陇大道上的重要驿站

证明官员之间是通过邮驿进行私人书信往来的。

隋唐时期，贵族私邮已不常见了，但还是有一些不同于国家邮驿的私邮存在。一是由某些有强大野心的节度使所办，一是由企图反叛的在野朝臣或其亲属私立的。如安禄山叛乱前，买通京畿关内采访处置使吉温，"温于范阳辞，禄山令累路馆驿作白绸帐以候之，又令男庆绪出界送，拢马出驿数十步。及至西京，朝廷动静，辄报禄山，信宿而达"（《旧唐书》卷186）。从今西安到北京，单程才两天多时间，而官方邮驿最快也要六天。又如裴炎从子裴伷先被武则天流配边州，后逃至北庭，"养客数百人，自北庭属京师，多其客，伺候朝廷事，闻知十常七八"（《旧唐书》卷117）。这种养客办私邮的现象，在中央集权制度愈加巩固的情况下，最终以失败而结束。

隋唐时期的驿和馆

驿和馆都是隋唐在交通线上普遍设立的站所，两者之间的作用并不相同，但又有着一定关系。

驿设于驿路之上，一般兼具有通信机构和官方招待所的作用。由于城市宵禁要关闭城门，这种情况对传递紧急军情极为不利，所以，许多原设于城内的驿陆续迁到了城外。"先是，驿于城中，驲遽不时，四门牡键，通夕弗禁。请更于外，遂永永便安。制曰：可。守臣奉诏，无征命，无夺时，糜羡财，募游手，逮八月既望，新驿成"。驿设于城外则便于防守，如《唐宋自孔六帖》中说："颜杲卿常山太守。禄山反，李钦凑夜还，杲卿辞城门不可夜开，舍之外邮。"因此，驿一般都会设于州、县的城外。如京畿道的诸驿中，只有鄠县驿、醴泉驿、昌宁驿、泥阳驿、富平县驿设在县城以内，除此之外的近三十个驿都在城外的干线之上。

馆有两种，一种设于县、州、府城内，另一种设于非干线之上。大量的馆是州县以上的地方设置的宾馆，如濠州有迥车馆，宣州有陵阳馆，徐州有大彭馆，汴州有上源馆等。县也有馆，如吉州卢陵县，"景龙四年（710年），（李智）终于县之馆舍"。又如同州河西县，"景云二年（711年）冬，（赵叡冲）终于县馆"。交通线上偶尔也会设有少数馆，如兰田县有玉谿馆，在"县东南四十五里，入商州路"（《长安志》卷16）。但它们一般都设于非交通干线之上，其主要作用仍是接待过往官员。可见，馆主要是招待所，而驿则兼而有之，故驿可以俗称馆驿或驿亭，而馆则只能称之为客馆、宾馆或馆第。

第四章 盛况空前的隋唐邮驿

当然，在一定的条件下（特别是需经皇帝批准），馆也可以提高规格为驿，如："宝历二年（826年）二月，山南西道观察使上言：当道新制斜谷其中须置馆驿，及创驿右界，名者三：甘泉馆请改为悬泉驿，骆驼蔫馆改为武兴驿，坂下馆请改为右界驿。并可之"（《唐会要》卷61）。因此，唐代才把这两种机构统由馆驿巡官、馆驿使管理。

驿一般兼具着通信和负责迎送过往专使与官员的双重作用，所以驿的建筑极其宏伟壮观。明人顾炎武在《日知录》中说："予见天下之为唐旧治者，其城郭必皆宽广，街道必皆正直，府舍之为唐旧翘者，基地必皆宏敞。"

在唐人的诗文中也有关于驿的建筑的记载：

"门衔周道，墙荫竹桑，境胜于外也。远购名材，旁廷世工，既涂宣晳，瓴甓刚滑，求精于内也。蓬庐有甲乙，床帐有冬夏……内庖外厩，高仓邃库，积薪就阳……主史有第，役夫有区，师行者有飨亭，挐行者有别邸，周以高墉，乃楼共门。"（《管城新驿》，《刘梦得集》26）

"褒城驿号天下第一……崇侈其驿，以示雄大，盖当时视他驿为壮，且一岁宾至者，不下数百辈。"（《书褒城驿壁》，《孙樵集》8）

"候吏立沙际，驿楼宫树近。"（刘禹锡：《潜水驿》）

"风餐红柳下，雨卧驿楼边。"（杜甫：《舟中》）

"江南有驿吏……请一阅之。刺史乃往，初见一室，署云酒库，诸醖毕熟……又一室署云茶库，诸茗毕贮……又一室署云菹库，诸菹毕备。"（李肇：《国史补》卷下）

驿或倚大道，或傍大江。较大的驿如马嵬驿还有佛堂，褒城驿还有池、舟、轩，一般的驿也有亭有楼，有东厅西厅，附近风景宜人，树木成荫，驿旁一般还有客舍、邸店。

在一般情况下，馆的设备是非常豪华的，就连县城的客馆也是如此，如唐兴县的客馆是："崇高广大，踰越传舍。通梁直走，嵬将墜压。素柱上承，安若泰山……迴廊南注，又为复廊，以容介行人，亦如正馆，制度小劣。直左阶而东，封殖修竹茂树。挟右阶而南，环廊又注，亦可以行步风雨"。州馆则更加宏伟，如柳州的东亭，"南植江，西际垂杨传置，东日东馆……乃取馆之北字，右辟以为夕室。取传置之东字，左辟之以为朝室。又北辟之以为阴室，作屋于北墉下以为阳室。作斯亭于中以为中室。朝室以夕居之，夕室以朝居之，中室日中而居之，阴室以违温风焉，阳室以违凄风焉。"

当然，不是所有的驿都如此豪华，其豪华程度主要由驿的等级、忙闲程度、主管官吏的好坏等多种因素来决定。

唐初规定，全国的驿分为七等，重要程度各不相同，因而夫马配备也各异。据《唐六典》记述，都亭驿配马75匹，驿夫25人。诸道驿分1—6等，最多配马60匹，最少8匹；最多配驿夫20人，最少2—3人。水驿则按事情的繁闲而规定不同的船数。

在庞大的邮驿通信网内，驿传人员"十里一走马，五里一扬鞭"，"一驿过一驿，驿骑如星流"，通信任务十分繁忙。为了加快文书的寄递，进一步提高时效和准确性，每个驿前还设有十二辰堆，这是一种计时装置，用以记录传递时间。这个记录由驿按时呈报馆驿使。柳宗元曾描写使者来到馆驿使公署时的情景称："传吏奉符而阅其数，县吏执牍而书其物。告至告去之役，不绝于道；送往迎劳之礼，无旷于日"（《馆驿使壁记》）。这当然是属于最繁忙的驿。至于业务比较清闲的驿，驿吏则有闲暇饮酒作歌，结交文人。如"绛台驿吏老风尘，耽酒成仙几十春。过客无劳询甲子，唯书亥字与时人"（李商隐：《戏赠稷山驿吏芏全》）。又如："郑仁表起居，经过沧浪峡，憩于长亭。邮吏坚进一板（请题诗），仁表走笔曰：分陕东西路正长，行人名利火然汤。路旁著个沧浪峡，真是将闲搅撩忙"。

通信并不是馆驿的最大负担，馆驿最大的负担是送往迎来。特别是遇到不同官员同时驻驿时，骚扰尤其厉害。除勒索夫役、马匹和供应外，有的还为争居住的房间等级而大打出手。驿吏左右为难，有的还遭遇不幸，如："太宗幸九成宫，还京。有宫人憩漳川县官舍。俄而李靖、王珪至，县官移宫人于别所，而舍靖、珪。太宗闻之怒……即令按验漳川官属"（《唐语林》）。又如："纳言娄师德，郑州人，为兵部尚书，使并州……往呼驿长，责曰：……我欲打汝一顿。大使打驿将，细碎事……若向你州县道，你即不存生命"（《朝野佥载》）。

馆由传吏主持，属官吏之列。驿则先由民间富人主持，后变为以吏主持。唐初，指定当地富人掌驿，称驿将或捉驿。天宝七年（748年）玄宗诏曰："三十里一驿，驿各有将，以州里富强之家主之，以待行李"。在政权巩固、经济繁荣的情况下，富人主驿亏累不大，有的人还利用这一方便条件经商。如："定州何名远，大富。主官中三驿，每于驿边起店停商……赀财巨万，家有绫机五百张。"而安史之乱后，征发富人主驿则成为掠夺民间财富的手段。因此，"州县取富人督漕鞔，谓之船头。主邮递，谓之捉驿。税外横取谓之白著。人不堪命，皆去为盗贼"。据韩国磐考证，"富人即独孤及……《答杨贲处士书》中的高户，稍有点私产的自耕农"。在天怒人怨的形势下，唐政权不得不在驿政上进行重大改革。史称："上元宝应间（760—762年），（刘）晏始以官船漕，而吏主驿事"（《新唐书》卷149）。自此，驿长（吏）代替了驿将。管理驿丁、负责驿舍的修缮、按月呈报通信和接待的情况等便成了驿将的任务。

在战乱期间，部分驿增派了驻防军队以保证驿路和驿的安全，如"自东都至淮泗，缘汴河州县，夹河两岸每两驿置防援三百人"。主持人称驿吏，如：（判官）至驿，责让驿长，榜之。驿吏武将，性粗猛，持弓矢突入"（《旧唐书》卷191）。有时，驿长也从事直接的通信任务，亦称邮吏。

驿丁、驿夫与驿马

驿内服役的人，叫驿丁（驿卒），亦称"驿隶"。他们的身份十分低下，一般从民间征调轮番服役，如唐代宗广德二年（764年）下诏说：京兆府的驿丁、屯丁"仍令河东、关内诸州府配，不得偏出京兆府"（《册府元龟》卷135）。到五代时，似已有长期在驿工作的驿卒，有的连家眷也住在驿内，如南唐"遣歌人秦弱兰者诈为驿卒之女，以中之敝衣竹钗，且暮拥帚扫洒驿庭……兰曰：妾不幸夫亡无归，托身父母，即守驿翁姬是也"。虽是化装，但也可见驿卒已近终身服役。驿内繁重的体力劳动都是由他们来完成的，如养马、发运行李、货物以及修缮房屋等。货物（主要是贡品）的运输，有的由专门组织的递夫负责，有的交驿发运，则由驿丁承担。偶尔也派驿丁外出执行通信任务，如："十一月十七日受，十二月十一日行判。录事张达检无稽失。录事参军善顺勾讫。下柳中县勘达匪驿丁差行事"。

驿丁除了服徭役的百姓外，还有因犯法而被迫充当的驿户，如肃州的驿户汜国忠、张忠，就是因"拟逃翰海，远申相府，罚配酒泉"的。唐武宗时期，"驿将王命诠等苦尅"，在不能忍受的情况下，他们"煞却西来"，"千里为谋"，发动了一场武装起义。他们从肃州（酒泉）一直杀向沙州（敦煌），一路上得到驿户们的合作，"其东道军州不报消息"，并制造假情报，"张皇兵威。夜色不分，深浅莫测"。据官吏事后报告，起义军"刦马取甲，来赴沙州。千里奔腾，三宿而至。东道烽铺，烟尘莫知，夜越重城，损守官……人吏散乱"。为首的六人都是驿户。这是中国历史上首次驿户起义。

水驿除驿夫外，还有拉纤的水夫。水夫似乎是由驿雇佣的民夫，自备工

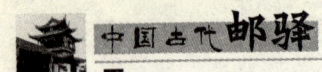

食,每年要发给工钱。如:"江淮两浙每驿供使水夫价钱,旧例约十五千"(《唐会要》卷62)。水夫的生活相当困苦。唐代诗人王建曾赋《水夫谣》曰:

　　苦哉生长当驿边,官家使我牵驿船。
　　辛苦日多乐日少,水宿沙行如海鸟。
　　…………
　　衣寒衣湿披短蓑,臆穿足裂忍痛何。
　　到明辛苦无处说,齐声腾踏牵船出。
　　一间茅屋何所直,父母之乡去不得。
　　我愿此水作平田,长使水夫不怨天。

　　这首诗,描述的就是纤夫在官家的压迫下为驿所驱使下的苦痛和悲愤。
　　维持庞大的馆驿对隋唐政权来说已经成了一种极重负担。唐初在实行均田制时,也对驿分给驿田。据《册府元龟》说,驿马每匹给田40亩,传马每匹给田20亩,但总数不得超过400亩。由于各地荒地多少不同,每驿附近有无牧草也不相同,不可能绝对按马数分田。驿田除了种苜蓿等饲草外,主要是出租给农民耕种。"其诸色职田,每亩约税粟三斗,草三束,脚钱120文……其公廨田、官田、驿田等所税轻重,约与职田相似。亦是抑配百姓租佃,疲人患苦,无过于是"(元稹:《同州奏均田》,《元氏长庆集》,卷38)。
　　但维持馆驿仅靠驿田的剥削收入是远远不够的,因此,唐政权还以官方高利贷的形式压榨人民。表面上是政府对驿拨款,实际上是叫驿放贷收息,以息养驿。还有很多这样的例子,如:
　　"潭、桂两道各赐钱三万贯文,以助军钱,以充馆驿息利本钱。其江陵、江西、鄂州三道……准此例与置本钱"(《唐大诏令》卷86)。
　　(开元)"二十六年(738年)正月制:长安、万年两县,各与本钱一千贯收利供驿,仍付杂驿"(《册府元龟》卷484)。
　　放贷有着极高的利息率,初唐时几乎达到100%,即使是开元盛世时也在60%左右。这笔收入充作驿馆的常项开支。中唐以来,使节剧增,取索无度,"从苏常以南,每驿便供四十余千,或界内或四五驿,往来须破四五百千",驿的开支已经到了一个惊人的地步。
　　实际上,政府拨交的充利本钱有时是由州县衙门代为放债,以息利拨充各驿开支,而并不直接交给各驿。这笔钱本应专款专用,但有的道府却挪作他用。因此,邮驿经费异常困窘,如:"河南馆驿钱物至多,本来别库收贮。近日被府司奏请一同支用,遂使递马欠缺,料粮不充,宪司又但务缘循,都不提举"(《唐大诏令》卷72)。

  驿马的来源主要是政府的牧厩。《唐六典》中说:"量驿之闲要以定其马数……其马官给,有山阪险峻之处及江南岭南暑湿不宜大马处兼置蜀马……而监牧六十有五焉。"从官厩提供的驿马要打上印号,"配诸军及充传送驿者以出字印,并印左右颊"。官家诸厩供应全国各驿显然不足,因而又征用民户私马,人民以不养马而消极反抗,唐政权无奈之下只得作出让步。《新唐书·兵志》中说:开元"九年(721年)又诏天下之有马者,州县皆以邮递军旅之役,定户复援以升之。百姓畏苦,乃多不畜马,故骑射之士减曩时。自今诸州民勿限有无荫能,家畜十马以下,免帖驿邮递征行,定户无以马为赀"。但驿附近的民户仍有的要"代养"驿马,以省官家开支,如"太和初,判度支王彦减置县遽群畜三千三百乘,使路傍民养以取储:日役一驿,省费甚博"(《新唐书·食货志》)。有的使臣在驿勒索驿马不足时,还强迫各驿在驿路上拦劫行旅之马,《册府元龟》中说:"中使力夺道中往来马,有余则驱之以行,拒者辄殴辱之……都邑大道乘者几绝。中人每至之处又遣驿吏搜发往来私马,驿吏因执马求赂,厚者免之,甚为时害。"而如果在没有设驿的地方仍有专使往来,民间受到的骚扰就更为严重了。

第二节
发达的隋唐邮驿

完善的隋唐邮驿制度

  隋朝国祚十分短暂,史书上关于邮驿系统并没有太多记载,但零星留下的史料也足以使我们观察到当时邮传的效率，据《隋书》记载，隋炀帝亲征高丽，30万大军就是凭邮驿集结的。当隋军集中于涿郡时，炀帝下诏："凡此众军，先奉庙略，驰驿引途，总集平壤。"杨玄感叛乱时，隋炀帝两次发兵讨伐，都是依靠着全国的驿路，最终让这次兵变得以平息的。炀帝时，兄弟汉王谅叛乱，权相杨素授权李子雄出兵进讨，其所依赖的军队也是在幽州"传舍"附近临时招募的（《隋书·李子雄传》）。

　　李唐建国后，在隋朝的基础上逐渐将邮驿制度加以完善。通过《唐会要》和《大唐六典》关于邮驿的律令，可以看出唐王朝的邮驿系统是相当完善的。在王朝中央和地方，有专职的邮驿官吏，按照《唐六典》的记载，唐朝政府规定，六部中的兵部下设的驾部郎中，专管国家的驾舆和驿传之事。驾部郎中同时也管马政，这样可以方便于邮驿中马匹的统一使用。在地方，唐朝有一整套的邮驿管理机构。诸道节度使下，有专管邮驿的馆驿巡官四名；各州，则由州兵曹司兵参军分掌邮驿；到县一层，则县令兼管驿事。至于县以下的乡一层，据《通典》记载，在唐玄宗以前，主理驿务的称为驿将，本不固定，由当地"富强之家主之"。而到唐肃宗以后，则改由政府任命驿长主管。这个邮政机构十分完备，管理着全国两万多名邮官、驿丁和总计约五万里驿程的邮路。除此之外，唐政府还有定期对全国邮驿的考核制度。据《唐会要》载，唐宪宗元和年间（806—820年），曾计各道观察使任命判官，到各州县考核邮驿事务，完成任务者有奖赏，有违法越轨行为者将受到惩罚。考核而外，还有不定期的巡视。唐玄宗、肃宗、代宗时都曾派政府大员到各地视察邮驿的执行情况。为了保证邮驿正常运行，不受盗贼和地主豪贵的干扰，唐政府在各驿站还设有防兵。唐代宗时在洛阳至淮河的运河两岸，每两驿置驿防兵300人。唐朝规定30里一驿，即每里有驿兵五人。这支队伍有效地保障了邮驿的通畅。

　　为了保证邮驿活动的正常开支，唐朝规定全国各地的邮驿机构各有不等的驿产，这些驿产包括驿舍、驿田、驿马、驿船和有关邮驿工具、日常办公用品和馆舍的食宿所需等等。唐王朝是我国历史上富盛的帝国，任何事都很讲究排场，清朝学者顾炎武曾在《日知录》中评论说，唐朝"其城郭必皆宽广，街道必皆正直，府舍必皆宏敞"。唐朝的驿舍也"丰屋美食"，比较"雄大"。唐朝的驿田，按国家规定，数量也较多，据《册府元龟》记载，唐朝上等的驿，拥田达2400亩，下等驿也有720亩的田地。这些驿田，用来种植苜

第四章 盛况空前的隋唐邮驿

蓿,解决马饲料问题,其他收获也用作驿站的日常开支。唐朝陆驿备有驿马,水驿备驿船。按《唐六典》的规定,陆驿上等者每驿配备马 75 至 60 匹不等,中等驿配 45 至 18 匹,下等驿配 12 至 8 匹。唐朝时驴也成为通常的运载工具,所以有些驿站也配有驿驴。水驿则配备驿船,从四艘至一艘不等。除上述配置外,唐政府每年还固定给各驿站经费补助,每年从全国各地收上驿税约 150 万贯左右,每个驿站大约会分到约 1100 贯的经费。

完备的邮驿管理制度和充足的驿传经费,使唐朝邮路在相当长时间内的正常运行得到了有效的保障。沿途从事传送政府文书的官员有十分优厚的待遇,连作为基层邮驿一站之长的驿长也能过上悠闲的生活。在太平时期,有些小站驿长,因客稀事简,有时竟能以诗酒消磨时光。唐代诗人赵嘏有一首《赠馆驿刘巡官诗》说:"云别青山马踏尘,负才难觅作闲人。莫道馆驿无公事,诗酒能消一半春。"晚唐诗人李商隐也有诗曰:"绛台驿吏老风尘,耽酒成仙几十春。"当然,这只是个别的例子。在一般情况下,驿长的邮务还是够繁忙的,就像柳宗元在《馆驿使壁记》文中所说的那样:"告至告去之役,不绝于道;送往迎劳之礼,无旷于日。"

鸡鸣驿

种类繁多的邮驿服务和通信方式

唐朝详细规定了邮驿服务的范围，法律规定了明细规则13条，内容包括：军务紧急报告；在京诸司须用；诸州急速大事须汇报；国事活动时各州的奉表祝贺；诸道租庸调附送驿务；在外科举人员进京应考；政府要员过往迎送；政府官员因公去世家口还乡照顾等等。上述乘驿给传人员，概称"驿使"。这是一种高级使者，与平日递送邮驿文书的驿丁是不同的，他们因级别的不同，享受的驿送待遇也是不同的。根据《新唐书·百官志》的规定，一品官可给驿马8匹，二品官6匹，三品以下5至2匹不等。高级驿使和普通驿使（驿丁）在驿路上行使驿权，都需要特殊凭证。唐朝时通常有四种凭证：一曰银牌，由门下省统一发给，是一种宽二寸长五寸的银制牌，上有隶书"敕走马银牌"五字；二曰角符；三曰券；四曰传符。后两种都是纸质证明。角符是何种形状，史无明载，估计形状似角。有了这些凭证，在全国驿道和关口才能通行无阻。

隋唐时期，公文传递一般分为水驿和陆驿两种。水驿负责传递文书的有驿夫、水夫。他们的生活相当艰苦。唐政府对水驿送信规定了一定的期限。一般规定在逆水行重舟时，河行每日30里，江行每日40里，其他45里；空舟行驶，则河行40里，江行50里，其他60里；在顺水中，则不管轻重舟，一律规定江河行一日100至150里。陆驿一般也有两种，分别为马递和步递。后来又增加了驿驴传递。马递按唐政府的官方规定，快马要求一天走六驿，即行180里左右，再快些则要求日行300里。最快的要求则为日驰500里——这是用于送赦书等紧急公文的速度。赦书关系到一个人的生命，自然要求更快一些。步递人员在唐朝称为"步奏官"、"健步"、"脚力"、"送铺卒"等，这些名词都代表了不同的等级，其速度要求步递人员一天行走50里。

唐时建立了"明驼使"的组织。据考证，这种组织是用一种能快行的骆驼来负担传递公文书信的任务的。这种骆驼"腹不帖地，屈足漏明"，能日行千里（《丹铅总录》卷十三）。又一说此驼"腹下有毛，夜能明，日驰500里"，所以叫做"明驼"（《杨太真外传》卷下）。据说唐玄宗时的著名藩将哥舒翰就使用过这种"明驼使"，经常派使者乘这种骆驼进京奏事，往往日行500里。杨贵妃也曾私自用明驼使将交趾上贡的龙脑香寄给安禄山。此外，武则天还曾创办过一种叫做"瓯"的木箱，收受民间各种来信，相当于现在的意见检举箱。其内容包罗万象，可以毛遂自荐，可以请求伸冤，也可以给政府提意见；还可以把自己的好作品，尤其是为武则天歌功颂德的文章投在这种信箱里。这在当时可以算是一种了解民情的特殊的通信方式。

知识链接

鸡鸣驿传奇

距河北省怀来县下花园5公里有一座山原名叫磨笄山。贞观十九年，唐太宗"恃其英武征辽，尝过此山"，曾"驻跸其下，闻雉啼而命曰鸡鸣"。一个帝王可以改变历史，改变一个地名更是颐指之间的事情。于是，这座山从此就叫鸡鸣山了。于是，在京张公路旁这个原来名不见经传的小地方便成为一系列传奇的发源地。

成吉思汗与忽必烈又为鸡鸣驿加上了浓墨重彩的一笔。1219年成吉思汗率兵西征，在通往西域的大道上设置有驿站。到忽必烈时，全国（不包括蒙古地区）已建有站赤1496处，其规模远超汉唐。

鸡鸣驿始建于何年未有确切记载。但它是我国古代邮驿功能最全的驿站，具有非常重要的军事、交通与邮驿地位。明成化八年（1472年）以驿名城，遂为鸡鸣驿城。明史称这里为鸡鸣驿堡。

明隆庆四年，（1570年）城垣包砖，东西长460米，南北长480米，墙高11米。东西马道为驿马进出通道，城南的南宫道为驿卒传令的干道。东西城门上各筑两层越楼，鸡鸣驿达到全盛时期。一时间商贾进出，买卖兴隆。经济的发达带动了文化的繁荣，在这不足1平方公里的小城内居然有佛、道、儒教寺庙建筑13处。人们说这里是"因山得名，因驿得城，以驿名城"，听上去挺像绕口令，但它揭示了这山这驿这城的历史因缘，因此更具传奇色彩。

发达的唐朝私人逆旅

前面所说的"驿""传"其职能是分开的。"驿"多为在驿路上来回奔行的下级驿吏、驿丁所用;而"传"则为"由政府发遣、逐站传递"的高级官吏所用。但它们的共同点则都是官营馆舍,由国家统一经营。

隋唐时期,私营旅舍普遍存在,因为私营客店太多,妨碍了官营的驿馆,所以曾在隋初引起了朝廷上的一次大争论。宰相苏威认为:"店舍乃求利之徒,事业污杂,非敦本(崇尚农业)之义",建议取缔所有私人逆旅,命其归农。这番议论,遭到了其他朝臣的反对。大臣李谔指出,私营逆旅自古皆有,与官营邮驿旗亭同时存在,各有所司,一旦取消,与民不便。这一意见得到了隋文帝杨坚的赞同,认为他是体谅民情的好大臣(《隋书·李谔传》)。从这一事例中我们可以看出,隋唐逆旅的发展是顺应历史要求的。

到唐朝时期,逆旅已成为人们日常生活中不可缺少的设施。在唐诗和唐人小说中有许多关于逆旅的描述,也流传着许多逆旅的传奇故事。著名的"定婚店"的故事,就是在逆旅中发生的:唐太宗贞观年间(627—649年),有一个叫韦固的书生住在宋城旅店。一位算命老人告诉他,一切婚姻皆由前世既定,冥冥之间有一根红绳早已把男女双方系好,谁也逃脱不了上天的安排。后来韦固的婚姻果如老人所说,几经周折,仍娶了他原先认为是贫贱家的女儿。(《太平广记》)还有一些其他的相关记载,如唐太宗时的著名大臣马周,在落魄时也曾住在新丰逆旅。客店主人见他贫穷,开始怠慢他,后来见他气度不凡,常常"命酒悠然独酌",慢慢敬重他,厚待他。最后马周为唐太宗所赏识,成了朝廷重臣。中唐诗人李贺还专为之作了一首诗,云:"吾闻马周昔作新丰客,天荒地老无人识……"(《谈宾录》)

唐代的私人逆旅老板,有时就是政府驿站的头目,他同时兼营国家驿舍和私家旅馆。如唐朝拥有绫机500架、资财百万的著名"纺织企业家"何明远,本人既主持着官府的三个驿,管理着驿站、驿舍,同时也在驿边"起店停商"。估计在当时这样身兼官营馆舍和私营逆旅的店主是非常多的。

私人逆旅的兴盛,反映了唐朝经济的繁荣、邮驿交通的发达和社会生活的丰富。

第四章　盛况空前的隋唐邮驿

唐朝少数民族地区的邮驿

随着隋唐时期经济的不断发展，各少数民族地区的经济也得到了很快的发展，在这些地区曾建立过一些地方政权，因而对通信的需要也愈加迫切。他们在与隋唐政权的密切交往中，吸取了先进的文化，其邮驿受到隋唐的影响，但又不缺乏各自的民族特点。

唐朝时期，边疆少数民族地区的邮驿有了很大发展，最明显的是今新疆地区驿路的建设。

著名唐代边塞诗人岑参，在从敦煌西行到北庭都护府（今新疆吉木萨尔北破城子）时，描写沿途的驿站设施说："一驿过一驿，驿骑如流星……前月发西安，路上无停留。"1973年，在吐鲁番阿斯塔那古墓群挖掘出土的当年马料收支账，其中列出唐时驿名有交河、天山、神泉、达匪、银山、柳谷、柳中、赤亭等十多个。据《新唐书·地理志》记载，唐朝政府在今新疆地区还设有许多驿馆，如在焉耆设有吕光馆、新城馆，在交河设有龙泉馆，在碎叶、疏勒沿途设有谒者馆、羯饭馆等等。有些驿馆很明显是专门用来接待少数民族和外国客商的。从敦煌到新疆驿路沿途，行进着大批马、牛车队，还有沙漠运输的特种畜力——驼群。这些运输工具，使当时的西部边陲地区呈现出一片空前繁盛的景象。现在敦煌莫高窟三〇二窟所保留的隋朝《驼车过桥》壁画，就生动地反映了当年驿路的繁荣。这些珍贵材料，说明了唐时新疆地区确有发达的邮驿系统。

唐朝时期，周围的少数民族政权也不在少数，比如那时的西藏就在吐蕃赞普管理之下。唐朝西北部还曾有过一个回纥，西南有一个南诏。从史料看，这些民族政权所在地区的邮驿事业也逐渐发展起来。唐末有一本笔记小说叫《因话录》，记载了当时吐蕃法的规定，每有急事，则派人驰马急报赞普，日行达数百里，使者"上马如飞"，号曰"马使"。唐蕃通婚后，从长安到逻些（拉萨）有直通的驿道。中途的莫离驿、那禄驿、众龙驿、野马驿、农歌驿都是有名的驿。唐朝有好几条从四川通达吐蕃的驿路：一条称为西山路，由成都经灌县、蚕崖关、当风戍、汶川、西山八国，再沿梭磨河北上，进抵柘县，越过柏岭，至白崖驿，进入吐蕃界（《元和郡县图志》）。另外，还有两条通道，一曰"和川路"，一曰"灵关路"。由于青藏高原自古难行，这几条驿道自古险要。唐人形容称:"连山接野,鸟路沿空,不知里数。"(《太平寰宇记》)近年来,外国史学家还发现了唐朝时期从吐蕃北行越过葱岭进入西域的两条通路,西方人称之为"食盐之路"和"五俟斤路"。虽无法考证具体情况,但这也说明了在7至9世纪我国西藏地区的吐蕃王国,也有成功的邮驿建设(波斯佚名作者:《世界境域志》)。

在唐朝的帮助下,唐时居今云南一带的南诏也建立了自己的邮驿通信系统。那时南诏到四川有多条驿路相通,其中最主要的一条从四川至南诏都城羊苴咩(即今云南大理)城。这条路从成都出发,向西南行,途经双流的二江驿、新津三江驿,再到邛州的临邛驿、雅州(今四川雅安)百丈驿,经黎州(今四川汉源)潘仓驿、通望县木篑驿,渡过大渡河到斑州(治所在今四川西昌),再经会川驿渡泸水,乘皮筏过末栅馆、藏傍馆等,直抵羊苴咩城(《蛮书》)。在南诏境内还有许多支道和南诏南通印度、缅甸和安南的国际通道。这些都为南诏国内国外商旅和文书通信畅通无阻提供了有力的保障。

唐朝通川少数民族地区,通青海和宁夏地区,以及通东北靺鞨、渤海等民族地区,也各有多条相通的驿道。史载唐宪宗元和年间(806—820年),曾在夏州(今陕西靖边)一带恢复驿馆所,发骑士500人,保护至党项民族地区的驿路(《旧唐书·李吉甫传》)。隋朝和唐朝都十分重视贵州地区的驿路交通的开发,开皇年间(581—600年)和贞观年间都开辟了四川至贵州的水陆驿路通道。据《资治通鉴》记载,在今陕甘宁边区的靖远县,唐宪宗时唐兵和吐蕃"并力成桥",建成一座横架黄河的乌兰桥,沟通了两岸的驿道。在东北辽宁地区,唐朝和当地的靺鞨、渤海、高句丽诸族都有水陆两路相通。

第五章

宋元时期的邮驿

　　公元960年,赵匡胤和他的兄弟赵光义统一了中原和南方地区,建立起中央集权的国家。在此基础上,我国的邮驿事业有了进一步发展。

　　元代邮驿是在元统治者统一全国的过程中,随着军事与政治斗争的进展和统辖地区的扩大而逐步建立起来的。

第一节
宋代邮驿的组织与管理

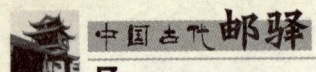

宋代馆驿

馆驿（包括亭、馆、铺舍）一般是为过往官员提供休息的地方，就像现在的招待所一样。"郡国朝宿之舍，在京者谓之邸；邮骑传递之馆，在四方者谓之驿"（王应麟：《玉海》）。"至唐而后，谓顿止之次为驿也"（《嘉泰会稽志》）。"顿止之次"，是指停留休息的地方。

宋代有着较为发达的馆驿。赵匡胤时令无驿州县"置公使库，使遇过客，必馆置供馈，欲使人无旅寓之叹"（《挥麈后录》卷1）。宣和时，"州府县镇驿舍、亭、铺相望于道，以待宾客"（《永乐大典》卷14574）。在当时的交通要路上，官员往来络绎不绝，住宿也很方便。在路远驿疏的地方，让附近庙宇辟出一部分房舍，"命僧主之，以待过客，且置田以赡僧，俾守庵焉"（《漳州府志》）。

1. 国家迎宾馆

北宋初在京师汴梁建有大型馆驿作为国家的迎宾馆，其主要作用是接待各国前来的使臣。其中比较著名的有：

班荆馆，在汴梁封丘门外之东，唐为上元驿，朱全忠曾在这里纵火，企图谋害李克用。后晋天福五年（940年）改为都亭驿，后仍为班荆馆，这个地方是用来迎接辽国使臣的。

都亭驿，太宗太平兴国二年（977年）八月四日，诏改怀信驿为都亭驿。宋初，在这里宴请契丹使臣，并赐宴文武百官。

来远驿，在崇化坊，神宗熙宁三年（1070年）五月二十九日新建，为接待西北地区少数民族使客之所，由都亭驿官兼管。

怀远驿，在汴河北，真宗景德三年（1004年）置，用来接待交州、龟兹、大石、于阗、甘沙、宗哥等贡使。

南宋首都临安，也设有樟亭驿、仁和馆、怀远驿等。

以上各馆驿，并不是一般的交通与通信组织，而是主要用来接待使臣或举行国宴的地方。南宋洪适在《都亭驿记》中说："驿之设所以安远人，节劳臣，息皇华外使之所也。"

2. 馆驿的盛衰

馆驿是地方行政的门面。古人认为，馆驿建设的好坏能直接反映地方行政的兴衰。宋代也是这样。一方面，以整洁的环境、宽敞的屋宇、华丽的设备，博得过往人员的欢心；一方面，又以驿亭桥道的整齐划一，标榜地方吏治的昌明。因此，在馆驿的修建上，挥霍奢侈，争奇斗胜，非常考究。在这一方面，宋人也有所记载：

嘉祐六年（1061年），苏轼赴凤翔，谒客于凤鸣驿，"视客所居与其凡所资用，如官府，如庙观，如数世富人之宅，四方之至者如归其家，皆乐而忘去，将去既驾，虽马亦顾其皁而嘶"（苏轼：《凤鸣驿记》）。

绍兴十七年（1147年）七月二十四日，和风驿成，"为屋四十二楹，广袤五十七步，堂守庐分，翼以两庑，重垣四周，庖福库庾，各视其次，门有守吏，里有候人，宾至如归，举无乏事"（毛开：《和风驿记》）。

《湘山野录》中说："钱思公镇洛，僚属皆一时俊彦，时河南创大驿，命谢希深、尹师鲁、欧阳永叔各撰一记……"馆驿成了名人显宦、文人墨客饮酒赋诗的聚会场所。

因修造豪华的馆驿，所以需要耗费大量的人力财力，扶风太守修建凤鸣驿，"用夫三万六千，用木石二十一万四千七百有奇"。《嘉定赤城志》载："南方治一桥，费缗钱辄十数万，他郡馆舍亦辉敞相望。"咸淳七年（1271年）建宁守修建绥城驿，"新其驿九十楹，计县帑之垂罄"（黄震：《新建绥城驿记》）。宣和三年（1121年）修范县馆驿，"得钱十万，择材于林，陶甓于野，命工于市。未几而闢厅事，增廊宇，迁堂于后，大墙垣而缭之，轩岑以明，户牖以洁，庖湢吏舍无不得其所……"（李侗：《范县修馆驿记》）。

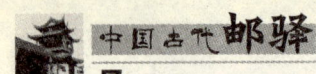

北宋末年，历经战乱，驿舍残破，房倒屋坍，一片凄凉。徽宗时，许侣巡视京畿，看到沿路馆驿"梁桷挠拆或墙壁圮坏，岁月既久，多数摧塌，使道路无所宿息，为行役之患"（《永乐大典》卷14574），还有的"廊庑浅隘，堂室卑陋，瓦无鳞次以庇风雨，墙无崇仞以待暴客"。

3. 馆驿的管理

馆驿必须要备齐所有的应用物品，并登记在册、张榜公布，以便过往使客共同遵守。严禁使客长期占居驿舍，超过三十日者徒一年，无故逗留驿舍者杖一百。宿驿按官职尊卑、等级高下，其待遇各有不同，不得越级。

修缮或新建驿舍，按照规定报有关部门审批。如三十贯以下由转运提举常平司审批；维修费百贯或新建屋三十间，报转运司审批；新造屋三间或缮修十间，由县审批等等。

馆驿或递铺附近的空地必须要种上榆树或柳树，并指定专人检查，年终上报。政和二年（1112年），福州路各驿遍于驿路两旁，栽种杉、松、冬青、杨柳等树近34万株，并严禁乱砍滥伐，违者治罪。驿路植树是我国古代的优良传统，能起到防止疾病流行、保护行旅健康的作用。

步递、马递与急脚递

沈括在《梦溪笔谈》中说："驿传旧有三等，曰步递，马递，急脚递。"罗汝辑也说："祖宗邮传之制，有步递，有马递，有急脚递"（《永乐大典》卷14574）。步递、马递、急脚递，既是三种不同的传递方式，也是三种不同的递铺组织。邮驿在宋代时显得比较复杂，有的地方同时存在三种递铺组织，有的步递与急递合二为一，在步递铺内设急脚卒数名，专司传递紧急公文。元丰时，福州递铺"每铺以十五人为额，内二人充急脚。"步递是递铺组织的基础，设置较为普遍，自成网路。急脚递与马递，则根据时间和地点的不同而有所不同。

1. 步递

步行接力传递，速度较慢，除了主要传送普通公文外，还要送人、送官物，承担的运输任务较为繁重。如"诸递铺承传上供物样"，"承传三路出军衣",延误时限依律治罪;"诸递铺传送人者,日行六十里,仍宿于铺","应差递铺铺兵而过数及不应差而差者",追究曹司、节级责任(《永乐大典》卷14574)。运输官物,不仅影响文书传递,也给铺兵造成了沉重负担。

熙宁五年(1072年)诏:"陕西运铜锡铺兵,极为艰苦,死亡无处无之"(《资治通鉴长编》卷236)。

至和元年(1054年)十一月诏:"陕西转运司,自永兴州至益州递铺卒,方冬寒苦,挽运军器不息"(同上,卷177)。

元祐元年(1086年),苏辙说:"蜀道行于溪山之间,最是险恶。搬茶至陕西,人力最苦,元丰之初,于成都路厢军数百人贴铺搬运,不一二年死亡略尽……其为骚扰不可胜言。后遂添置递铺,十五里辄立一铺,招兵五十人,起屋六十间,官破钱一百五十六贯,益以民力,仅乃得成,今置百余铺矣。"(同上,卷366)

除此之外,还有一种专司运输的车子铺、水铺,但是与通信并没有任何关系。宋代使用廉价的劳动力充铺兵,不仅送信,还搬运物资,名为军卒,实是苦力,受到百般折磨,还以军纪束缚他们,防止造反。"凶年饥岁,则有叛民而无叛兵,不幸乐岁而变生,则有叛兵而无叛民"(晁说之:《嵩山文集》卷1)。这就是赵匡胤坐收"百代之利"的驭民策略,也是铺兵制度的实质。

2. 马递

马递速度较快,用于传送紧急文报及赦书。一般不运送官物,但也有例外。"即应运送官物,均量轻重日不过两次";"马递转运文字物色,逐铺交割"。宋代马匹缺乏,马递铺用于通信的马匹多是军队挑剩后的劣等马,老弱疲瘦,不堪骑用。即使是这样,也不能满足需要。建炎时,还出现过抽调马铺夫马去作战的记载,以后虽多次招填补充,但人困马乏,马递最终没有得到很好的发展。

3. 急脚递

急脚递的创立比步递和马递要晚。现存史籍中关于急脚递的最早记载是,真宗景德二年(1005年)三月,"诏河北两路急脚铺军士,除递送真定总管司及雄州文书外,它处不得承受"(《永乐大典》卷14574)。这时急脚递已经出现，估计创立时间会更早一些。河北两路系指河北南路和东路，辖雄州。雄州是北宋初期宋辽边境上的重镇。景德元年（1004年）九月，辽军大举侵宋，次年一月宋辽和议，史称"澶渊之盟"。宋在边境上设急脚递，以日行四百里的速度，"传送边（关）上机宜切要文字"，直达首都汴梁，说明这条通信线路有着极为重要的作用。神宗熙宁四年（1071年），与交阯开战，自京师至广西邕桂沿边置急递铺。元丰二年（1079年）西夏兵攻绥德城，宋政府派官员前往整饬邮传，置通往陕西延安的急递铺。

从以上所述可以看出，急递铺是在北宋同辽、金、西夏作战的特殊环境中逐步建立和发展起来的。初期只在全国重点地区或线路上设置，并没有在全国普遍设立。急递铺的设立有着特殊的目的，一旦完成任务后，也就随之消失。宋代皇帝对急递通信尤为重视，仅神宗朝就多次颁诏："军兴飞书遣使，此最先务"，"非紧切边事，毋得擅发急递"。

金字牌急脚递，始设于宋神宗时。沈括说："熙宁（神宗年号）中又有金字牌急脚递，如古之羽檄也"（《梦溪笔谈》）。《宋会要》元丰六年九月二十五日条，"诏鄜延路令毋辄出兵。令枢密院更不送门下省，止用金字牌发下。"这同《会稽志》"元丰六年八月始用金字牌"的记载，基本上是一致的。神宗元丰年间，西夏兵袭陕西绥德，并以八十万大军围攻兰州。这个时候出现了金字牌急脚递，显然是为军事需要服务的。金字牌是一种通信檄牌，"牌长尺余"，木制，"朱漆刻以金书"，上刻"御前文字，不得入铺"。其传递速度要比一般急脚递快。"近岁邮置之最速者，莫若金字牌递。几赦书及军机要务则用之，仍自内侍省遣发，自行在至成都率十八日而至，盖日行四百余里"（《永乐大典》卷14574）。宋人形容金字牌"光明眩目"，传送时"过如飞电，望之者无

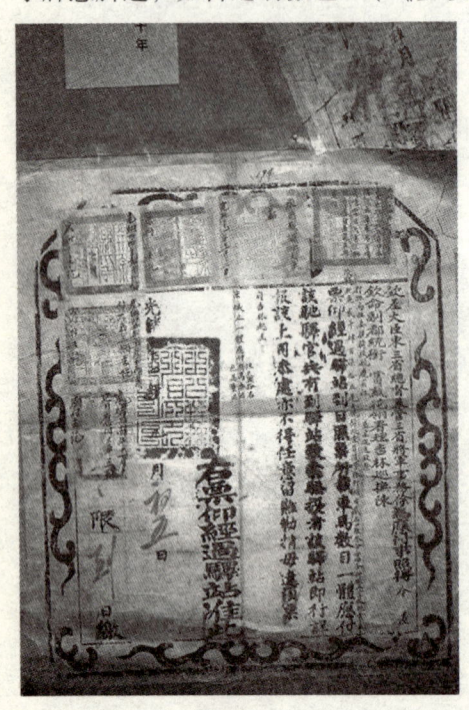

古代驿票

不避路"。"日行五百里，不以昼夜鸣铃走递，前铺闻铃，预备人出铺就道交受"（沈括：《梦溪笔谈》卷11）。

金字牌急脚递这种通信方式具有以下特点：由御前直接发下，不经枢密院或门下省，减少了不必要的交接手续，又可保守机密。沿途接力传送，昼夜不停。使铺兵能以充沛的精力，迅速传往下站，而马递须昼行夜宿。金字牌急脚递不入递铺交接，使在递铺的停留时间大为减少。

宋朝制定了有关奖惩制度来确保金字牌通信，如"诸急脚铺兵，传过御前不入铺金字牌文书无稽违者，特支钱每人五角（五件递角）以上五百文，十角以上一贯，二十角以上一贯五百文，三十角以上二贯"（《永乐大典》卷14575），如稽延程限则依律治罪。

斥堠铺与摆铺

宋室南渡后，在兵荒马乱中，旧时的邮驿系统遭到了严重破坏。为了沟通中央与地方、后方与前线的通信联系，南宋王朝在东南沿海及边防要地先后建立了"斥堠"与"摆铺"急脚递，以传送紧急文书。

斥堠原是边境上放哨、侦察的哨所，"多择高要之处，察望四边"。南宋时期把瞭望、侦察与通信传递结合起来，成立一种半军事性质的急递通信组织——斥堠铺。它以传报军事紧急文书为主，服务于军事活动；同时传递各衙门的紧急文报，并由地方政府管理。

据记载，斥堠铺初建于高宗建炎三年（1129年）二月，"专一承传御前金字牌，以至尚书省、枢密院行下，及在外奏报并申发尚书省、枢密院紧急文字"（《永乐大典》卷14575）。每十里设一斥堠铺，差曹级一名，铺兵五名，每铺限三刻传送，日行三百三十里。铺兵按月发给粮饷，及春、夏、冬三季衣服，有时还加发饭钱，其待遇比一般禁军要优厚，但同时要求也较为严格。如"非急速军期及贼盗探报文字辄入斥堠铺者，官员勒停，吏人决配，仍不分首从。如不应入斥堠铺文字，所至官司承受不即申举者，同罪"（《永乐大典》卷14574）。但日久天长，制度废弛，弊端丛生。各处衙门随意将普通文书交斥堠铺传送，递角越来越多，大量积压，"所传文字比之常程合行日限，却乃倍更迟缓"。

绍兴三十年（1160年）设立摆铺。这是在斥堠制度逐渐废弛的情况下，采取的另一种通信措施，用以弥补斥堠铺的不足，加速紧急文报的传递。具

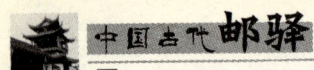

体办法是：九里或十里设一摆铺，在每个斥堠铺内，抽三名铺兵充摆铺。三个铺设使臣（官员）一名，随时督促检查。如铺兵缺额，即从厢军中选派。摆铺在不同程度上代替了斥堠铺的功能。不久，摆铺又重蹈复辙，文书稽延如故。总之，南宋政治腐朽，通信日趋没落，这种情况绝不是改变一种形式、更换一个组织就能改变的。

知识链接

驿站的迎来送往接待功能

驿站是中国古代最早出现的官方食宿设施。在古代，为了传递政府政令、公文和各地之间书信往来，建立了驿传制度。驿站就是供传递公文或来往官员途中食宿的处所。据史料记载，商代和周代，驿站只供传递军情和政令的信使和邮卒专用。秦汉以后，接待对象扩大，一些过往官员也可以在驿站食宿了。唐代中期以后，驿站接待的官员已多于信使。到了元代，驿站除接待信使、达官贵人、蒙古王侯之外，还接待过往商旅。及至明代，驿站食宿还接待一般过往的旅客。中国古代驿站的功能，主要是按照投宿者的身份和官品，安排相应的房屋，提供各有差别的食物和交通工具。比如，《新唐书·百官志》载"凡给马者：一品八匹，二品六匹，三品五匹，四品、五品四马，六品、七品二马，八品、九品一马。"清代顺治《内阁招帖》载，"一品官公、侯、伯奉差出京者"，"给马十二匹、水路船二只"，"二品官内院大学士、六部尚书、都察院左右都御史奉差出京者"，给"马十匹，水路船一只"，"三品官六部左、右侍郎，都察院副都御史，通政司通政使，大理寺卿，内三院学士，顺天府尹，光禄、太常、太仆各正卿，国子监祭酒，左右金都御史，以四品从三品例，奉差出京者"，给"马八匹，水路船一只"，四品到九品官员到驿站，"陆路与车一辆"，"水路加船一只"。可见，驿站交通工具以及其他供给，体现出封建社会严格的等级制度。

第五章　宋元时期的邮驿

铺兵

以兵卒代百姓为递夫（铺兵），是宋代邮驿制度的一大变革。

太祖建隆二年（961年）五月庚寅，"诏诸道邮传以军卒递"（《宋史》）。《燕翼诒谋录》中说："前代邮置，皆役民为之，自兵农既分（实行募兵制度），军制大异于古，而邮亭役民如故。太祖即位之始，即革此弊。建隆二年五月，诏诸道州以军卒代百姓为递夫。其后，将置递卒，优其廪给，遂为定制。"

这一段记载说明，宋初的邮驿变革是在适应军制变革的条件下，有组织有计划进行的，共耗时两年。变革的目的是为了革除前朝的弊病，实际只是变换了一种方式。但以有组织、有纪律的厢军士兵担任全国的公文传递，建立一支"专业化"的通信队伍，有一定的进步意义，其不仅提高了通信效率，还相对地减轻了劳动人民的负担。

宋制，十里设一递铺，也有些地方"二十五里置铺一所"。铺兵要路十名或十二名，僻路四名或五名。"铺兵五人为一保，不满五人者附保"，"每铺各差小分一人充曹司，无即招填，其大分愿减充者听"（《永乐大典》卷14575）。所谓"小分"，也叫"半分"，是禁军中淘汰下来的老弱残病的军士，领取一半的薪俸，被安排到厢军中"任执役"。"大分"为"年四十五以下胜甲者（能作战的）"。递铺每二十人补节级一名，人数虽不及亦补一名，不及十人相邻两铺共补一名（相去二十里以上者各补）。政和三年（1113年）二月二十九日定："除旧人数差置节级外，诸州每及百人置十将一名，每二百人仍置都头一名，五百人更置将校一名，部辖及往来催赶递角官物"（《永乐大典》卷14574）。

铺兵的待遇要比普通厢兵高。据《嘉定赤城志》载，各县铺兵"月给糙米一石五斗，春衣绢二匹，折布银一贯五十文，冬衣绢二匹，绸半匹，棉十二两，折布钱八百五十文"。铺兵"衣赐造成赴官印验"，口粮由州县按月发给，但官吏层层克扣，又不按时发给，以致铺兵经常无衣无食，途中"盘缠缺乏，多饥冻僵殍，或逋逃聚为盗贼"。最终导致铺兵大量逃亡，信息无人传送。为了防止铺兵逃亡，实行铺兵刺字办法，有的刺面，有的刺臂，拿铺兵当囚犯。据载，南宋官员就曾向孝宗上书："乞做范仲淹措置陕西民兵刺手之法，凡铺兵并与刺臂，稍大其字，明著某州某县斥堠铺兵某人。凡逃在他州他县者并不得招收。遇支衣粮，除番次留铺传送递角外，其当请者验臂支给，冒法逃窜之弊可以革绝"（《永乐大典》卷14575）。宋朝统治者采纳了这项建议。

铺兵"昼夜往来，备极劳苦"。为了传递文书的方便，对铺兵"散在诸铺者"、"子女同在军籍者"，可以安排在一起"同营居住"。铺兵缺额，由"本州厢军选差少壮之人拨填"，或另雇人夫。

宋神宗时，全国有五十多万厢军，这些人主要从事地方劳役，平时不训练，战时不打仗。劳役名目繁多，"递夫"只是其中的一种。《宋史·兵志》中说："诸路厢军名额猥多，自骑射至牢城，其名凡二百二十三。其间因事募人，团立新额，或因工作、榷酤、水陆运送、通道、山险、桥梁、邮传、马牧、堤坊……"王明清《挥麈录》中说："给漕挽者，兵也；服工役者，兵也；缮河防者，兵也；供寝庙者，兵也；疲老而坐食者，兵也。前世之兵，未有猥多如今日者也。前世制兵之害，未有甚于今日者也。"

有的人把"以军卒代百姓为递夫"当作军事通信兵，甚至认为"宋代实行军事通信制度"，这种看法并不正确。另外，"以军卒代百姓为递夫"制度，实行得也并不彻底。据记载，真宗咸平二年（999年），德州境内仍然存在"率民马以备驿传，又役民为递"现象，而四川梓州到绵州的递铺，直到大中祥符九年（1016年），还是"命民丁传送"信息。

驿券与檄牌

1. 驿券

驿券是驰驿的凭证。宋初，官员乘驿，由枢密院发给驿券，叫做"头子"。太宗太平兴国三年（978年），李飞雄诈乘驿马、图谋暴乱的事件使朝廷极为震动。

李飞雄是秦州节度判官李若愚的儿子，凶恶无行，经常游荡在河北魏县一带，与无赖一起鬼混。太平兴国三年三月初，李飞雄往陕西探亲，乘机将他岳父盩厔县尉张商英的马匹偷走，冒充"巡边使臣"，深夜到达驿所，索乘驿马。驿卒秉炬出，李飞雄以私买的马缨为凭证，驿卒无法辨认，只好照付

第五章 宋元时期的邮驿

鸡鸣驿

驿马。李飞雄让一卒乘马前导，以"巡边使臣"的身份，沿路诈骗，掠走官吏多人。四月到达清水县，捆绑官吏，意欲谋反，被刘文裕、田仁朗等识破，设计擒李飞雄。奏上，夷其三族，诛驿卒及有关人员。为了堵塞漏洞，六月，"诏自今以后乘驿者皆给银牌"，于是取消驿券，乘驿者复给银牌。银牌阔二寸半，长六寸，有隶字书，上刻二飞凤，下刻二麒麟，两边有年月，拴有红丝带。不久，因银牌丢失较多，又废除银牌，恢复驿券。

宋初，驿券还没有完备的管理，给多给少，很不统一。嘉祐四年（1059年）正月十三日，三司使张方平搜集与驿券有关的宣敕令文，加以综合整理，编为七十四条，仁宗赐名《嘉祐驿令》，颁行天下。所谓"驿令"，就是驰驿的条规法令，主要规定了驰驿人员的条件、待遇、马匹、车辆及随从人员等等。据《宋史·职官志十二》记载："文武群臣奉使于外，藩郡入朝，皆往来备饔饩，又有幕宾、军将、随身、牙官、马驴、橐驼之差：节、察俱有幕宾以下；中书、枢察、三司使有随身而无牙官、军将随；诸司使以上有军将、橐驼（余皆有牙官、马驴，惟节、察有幕宾）。诸州及四夷贡奉使，诸司职掌祗事者，亦有给马（四夷有译语、通事、书状、换医、十券头、首领、部署、子弟之名，贡奉使有厅头、子将、推船、防授之名，职掌有傔)"。

徽宗宣和三年（1121年）定武职给驿马、差役人数：武功至武翼大夫二匹，十人；武功至武翼郎二匹，七人；敦武修武郎二匹，五人；内侍官二匹，三人。政和令诸朝廷非次差官出外，应纳递马及铺兵两应给者听从多。南宋宁宗《庆元条法事类》（残本），辑有《驿令》二十余条。

自京差往外任，官员到任后即取索有无递马头子（驿券），如有立即收回，送缴枢密院。自京差往外地短使及各种差遣内臣、大小使臣等所给递马头子，差毕时，令于阁门并在京所辖处收回，送纳枢密院。

2. 通信檄牌

通信檄牌是传递紧急公文的证件，其主要作用有三点：一是作为传送紧急文件的标志，用以区分随牌入递的文书与无牌的常程文字。二是使用檄牌的官署和拥有的数量有严格限制，檄牌由朝廷颁发，不得私自制造，用以控制滥发急递。三是在内件密封的情况下，便于铺兵识别，牌到立即按规定时限，单独传递，不得稽延。

据《宋史·舆服志》记载，通信檄牌，"其制有金字牌、青字牌、红字牌"。金字牌已如前述。除此之外，通信檄牌还有以下几种：

（1）黑漆白粉牌。南宋孝宗乾道三年（1167年），制造黑漆白粉牌，发给沿边各州军统制司，专一向朝廷奏报军期紧急文报，日行三百五十里，文书送到后，由进奏院及时将牌符退回原处。

（2）雌黄青字牌。先是孝宗乾道八年（1172年）十月，枢密院造雌黄青字牌五十面，以备朝廷发诸处紧急公文时使用。到了淳熙四年（1177年）十一月，又制作雌黄青字牌六十六面，交尚书省使用，亦为日行三百五十里。

（3）黑漆红字牌。是枢密院改制的通信檄牌。原用的雌黄青字牌，由于其使用时间太过久远，有的短缺，有的磨损难以辨认，影响紧急公文传递。光宗绍熙四年（1193年）十月，改制黑漆红字牌，上刻"枢密院军期急速文字牌"，限日行三百里，上编字号。铺兵收到枢密院发来上述牌符，立即取出，单递依限走传，不得稽延。

随牌入递是北宋首创的一种形式，其目的是为了保证宋王朝紧急文书的优先传递。南宋时，依靠原有的章法，已经难于维持正常的通信，只好求助于通信檄牌，一种不灵，又换一种，结果牌符泛滥，更加混乱。通信檄牌的频频变更，从一个侧面反映了邮驿管理的混乱。

宋代邮驿管理

1. 中央管理

宋代中央主管邮驿的机关有两个：一个是兵部，还有一个就是枢密院。

全国邮驿的行政工作都由兵部管理，"掌舆辇、车马、驿置、厩牧之事"（《宋史·职官志》）。具体职责是，规划措置，申饬条约，责立程限，裁减冗员，增补人兵，和买递马，检查邮驿，并将人马变动情况每月报尚书省（《永乐大典》卷14574）。

枢密院对邮驿的具体职责是：管理驿马发放，颁发驿递符牌，制定乘驿条例，委派巡辖使臣，监督检查重要军期文报的传递情况。"宋制，驿递掌于枢密院"。宋初设枢密院，与中书省对掌文武，以削弱宰相的权力。"枢密院掌军国机务、兵防、边备、戎马之政令，出纳密命，以佐邦治"。枢密院下设房，开始只有四房，后增置十二房。其中"校阅房"，"掌中外校习，封桩阙额请给，催督驿递……"

同一邮驿，分别受到两个不同的机关的管理，使二者相互制约，不得专权，反映了宋代官制的特点。范祖禹说："祖宗制兵之法，天下之兵本于枢密，（枢密）有发兵之权，而无握兵之重；京师之兵总于三帅，（三帅）有握兵之重，而无发兵之权。上下相维，不得专制"（《范太史集》卷26）。聂崇岐在《中国历代官制简述》中说："枢密院号称'本兵'，它侵去兵部的权是很多的。"宋代对邮驿的管理也是如此。

2. 地方管理

赵匡胤时，地方行政系统为州县两级。太宗时，将全国分为十五路，路、府（州、军、监）、县三级成为地方行政的基本建制。邮驿组织也实行三级管理与此相适应。

宋代实行以兵卒代百姓为递夫的制度，递铺组织亦按军事编制，但是断不归军事系统直接指挥，而是由地方行政系统统一管理。有关地方管理的具

体情形,在《永乐大典》(卷 14574)中有所记载:

"国家均地理,议时刻,亭传相望,分置巡辖,又专委漕臣提举,其法可谓备矣。"

"朝廷措置递角……催驱(督促)以知县,点检(巡察)以通判,逐路以监司提举(掌管)之。"

"递角在法,巡辖使臣赶发,令尉催促,监军提举……今乞依旧法,令县令、县尉、巡辖使臣催促转送,转运长官一员提举。"

三级管理的具体情况如下所述:

(1)路。管理全路邮驿的长官为"诸路提举马递铺官"。据《庆元条法事类》载:"诸路提举马递铺官,转运司长官兼。如改移事故本司阙官者,提点刑狱兼,并系入衔。"转运司亦称漕司,为路的四个监司之一,最初只管一路的财政,太宗朝后,各事无所不管,实际上已成为路的行政长官。全路邮驿的最高领导者就是转运司长官,遇有出缺情形,由提点刑狱司长官(即宪司)兼。诸路提举马递铺官主要负责:管理全路邮驿,"督责巡辖使臣,招填缺额铺兵,驱磨递角毋或违慢","委所部州军通判、签判,遍诣管内点检",确保"文字即时传送,不得违滞"。路对邮驿的管理,主要靠定期或不定期的巡视检查,并按月将检查结果上报枢密院。

(2)州(府、军、监)。由州通判负责检查邮驿,"月具所传文字名件有无违戾,申(路)提举点检官,提举点检官复行审实,月申枢密院"(《永乐大典》卷 14574)。按照规定,州设巡辖邮驿使臣一人或若干人,巡回检查所属邮驿,根据行政区划的变更、道路的变化、事情的多少,及时提出措施加以调整,报州决定。除此之外,州还负责办理铺兵钱粮发放,铺舍修理,对犯罪铺兵及曹司的处理等等。

(3)县。北宋时,路、州通过巡辖使臣直接对邮驿(主要是递铺)进行管理,县并不承担管理责任,只是派县尉检查过境递角有没有延误。北宋末期,针对邮驿弊端,加强县的管理,令知县、县丞、主簿以及县尉经常下去检查邮驿,并以本管界递角传送情况作为考察官吏的标准,依照情况给予赏罚。

总之,三级管理都有不同的侧重点,关键在州,重点是邮,基本方法是巡视检查,保证通信畅通,不致稽延毁损是其主要目的。

第二节
宋代的驿递分布和网路

在现存的宋代史籍中,只有极少数关于驿所和递铺分布的资料,要想弄清全国邮驿的分布和网路是非常困难的。这里只能根据部分零星的资料,逐一分析。

北宋的驿所分布和网路

北宋建隆初,按照后周旧制,以汴梁为首都,称东京开封府;洛阳为西京河南府,真宗时建宋州为应天府,后称南京;仁宗时又建大名府为北京,号称"四京"。

汴京是北宋的首都,全国的政治经济中心,也是全国交通和通信的总枢纽。以开封为中心,呈辐射状向外扩散,路线通往各方。太宗淳化四年(993年),因唐制,分天下为10道。太宗至道三年(997年)始分天下州军为15路,当时全国有府州军监321个,县1162个(羁縻县不在此例)。宋王朝所辖疆域,东南皆至海,西尽巴夔(马湖府),北及三关,远不如隋唐疆域辽阔。神宗熙宁以后,"外患渐弭,纷更内启",定天下为22路。

南宋的驿所分布和网路

高宗南渡后,初建都于江宁(今南京),漕运以平江府(今苏州)为中心,凡两浙、两广、荆湖、福建各地货物,皆集散于此。绍兴八年(1138年),正式建都临安(今杭州)。杭州遂成为东南半壁的政治、经济中心和交

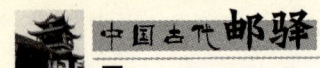

通枢纽。

临安有着十分发达的水陆路交通。河流纵横交错，北以大运河与太湖流域和北方相通；东从钱塘出海，与浙、闽、粤沿海地区通航；西以富春江和新安江与浙西和皖南相联系。

据《乾道临安志》载，以临安为中心的水陆路途程如下：

陆路：西至昱岭243里，入徽州界；北至导墩54里，入湖州界；东北至七里店93里，入秀州界；西北至千秋岭198里，入宣州界。南至白峰铺153里，入严州界。

水路：东至浙江沿海郭沥港129里，入秀州界；南至浙江中流36里，入绍兴府界；北至下塘大港导墩54里，入湖州界；东北至上塘运河七里店93里，入绍兴府界；西南自浙江八溪至白峰153里，入严州界。

宋代的递铺分布和网路

目前已经没有具体资料来考证北宋的递铺分布，包括南宋的资料也并不完整。据现存的南宋地方志统计，南宋江南8府，即临安府、湖州府、台州府、庆元府、镇江府、建康府、绍兴府和徽州府，47个县共有递铺377处，平均每县8铺。但是，递铺并不是平均分布的。递铺的多少因县治的大小及交通地理位置的不同而异。较大的县如建康府江宁县18铺，漂水县十九铺。小的县如湖州府武康县只有2铺。庆元府（今宁波）昌国县（今普陀县）、象山县"率乘海潮往来府县，故不置铺"。铺兵的多少各有不同，临安府平均每铺铺兵13人，台州府每铺不足5人。

宋时全国递铺总数有多少，并没有具体记载，如果以每县平均五铺计算，北宋宣和时，全国1234个县，约有6000余递铺；南宋703个县，约有3500铺。如果将为特定目的设置的临时性专用递铺包括在内，则将超过上列数字。

递铺的设置是以县为中心，呈辐射状通向四面八方。"按所开四路，各铺前后呼应"（《宝庆四明志》），接力传递。有的经过驿路，与驿所衔接；有的通往无驿地区，沟通地方间联系。据《景定建康志》载："驿路五十一铺，每铺相去十里"，"县路十一铺，每铺相去二十里，此系诸县不通驿路处传递之路"。县与县之间铺铺连接，邮驿网路遍布全国。铺与铺之间的距离也各不相同，有的10里，有的25里。

《咸淳临安志》"邮置"条，还具体标明递铺的种类，在全府98铺中，有斥堠铺（急递）9个，马铺10个，步递79个。《淳熙三山志》"驿铺"条记录了淳熙九年（1182年）前福州府驿铺的沿革。

第三节
宋代邮驿的发展与衰落

宋朝驿道的发展

公元960年，赵匡胤建立北宋，中央集权的国家也随之而建立。在此基础上，我国邮驿事业又有了进一步发展。那时候，宋和北方的辽之间的来往十分频繁。宋使入辽，从现在的河北雄县白沟（宋为雄州白沟驿）至新城县，再往涿州、良乡到达燕京（今北京），又经过驿路上的金沟馆、新馆、如来馆、铁浆馆、通天馆到辽朝的中京大定府（今辽宁宁城），最后抵达上京（今内蒙古巴林左旗）。沿途驿馆林立，驿务十分繁忙。苏东坡的弟弟苏辙，曾作为宋使出使辽国，经白沟在燕京暂宿。他写下了有名的《渡桑干》一诗，中有："相携走马渡桑干，旌旗一返无由还。胡人送客不忍去，久安和好依中原。年年相送桑干上，欲话白沟一惆怅。"这首诗生动地描写了宋辽间驿途来往之频繁，宋辽人民之间的真挚感情和白沟驿的情景。

宋朝政府开始在全国扩建驿道。当时从陕西、甘肃到四川的青泥驿（今甘肃徽县南）还没有通畅的驿路，北宋政府由利州（治所在今四川广元）转运使主客郎中李虞卿主持，重开了一条白水驿路，耗时半年，修起了从河池驿（今徽县）至长举驿（今陕西略阳白水江）的驿道，然后进入四川。驿途中共有阁道2309间，邮亭设施389间。由于此次工程非常成功，主持者李虞卿等受到了政府的嘉奖（《金石萃编·白水路记》）。宋政府在今甘肃境内修筑了许多驿路桥梁，著名的兰州浮桥、安乡浮桥（在今临夏境内），都是北宋时期建起的。这两座浮桥，使甘肃到新疆、甘肃至青海之间的驿运变得十分方便。

　　根据各地不同的自然条件，宋朝还发展了多种模式的邮驿设施，如水驿和驼驿等，在甘肃敦煌一带大力发展沙漠驿路的驼驿和驴驿，至今敦煌壁画中还留有一幅《宋代驼运》的形象图。宋太宗时，有湖北江陵至广西桂林间设若干水递铺，利用两湖和广西沿江的数千户渔民樵夫做"水递铺夫"。湘江沿岸巨潭险石之处，也有同陆驿相同的驿路相通（《续资治通鉴长编》卷十八）。

邮驿制的军事化

　　宋朝时，进一步发展了中央集权制度。为顺应专制统治的需要，当时的邮驿也逐渐趋向军事化，军事色彩在各种制度上都有显著体现。首先，管理邮驿事务的中央机构由兵部来掌管，具体过问邮驿的规约条令、人事调配、递马的配备等等。同时管理邮驿的还有枢密院，它的管理范围是驿马的发放、颁布驿递的凭信符牌等等。这两个机构互相制约，不得擅自专权。这种处置办法的防范意义和宋朝对军队将领"有发兵之权，而无握兵之重……有握兵之重，而无发兵之权"（《范太史集》卷二十六）基本上是一致的。其次，北宋实行以兵卒代替百姓为邮递人员的办法，把传递书信的机构完全按军事编制管理。导致这一变化的原因是由于宋朝时期民族斗争和阶级斗争的尖锐，在严峻的形势迫使下，宋朝政府只能把通信中的军事内容视为头等大事。

　　两宋时，馆驿的职能有所改变，把邮件文书的递送和过往官员投宿完全分开。馆驿已演变为单纯的政府招待所，仅仅作为来往官员和使者中途停留休息的地方。宋人王应麟说："郡国朝宿之舍，在京者谓之邸；邮骑传递之馆，在四方者谓之驿"（王应麟《玉海》）。而传递政府公文和书信的机构，则另外设立，总称为"递"，又分"急脚递"、"马递"和"步递"数种。

　　递有"递夫"，又称为"铺兵"，一般

天门沟驿站

第五章 宋元时期的邮驿

由地方上的"厢兵"充任，是传递文书的主要人员。邮置人员由民改为兵，这种形式从北宋初年就开始了。太祖赵匡胤在建立宋朝的第二年就下令"诏诸道邮传以军卒递"（《宋史·太祖纪》），其后遂为定制。当时人王栐曾就此措施评论说："前代置邮，皆役民为之"，给百姓增加了很大负担。宋太祖"即革此弊"，开始"以军卒代百姓为递夫"，其后更设置专门的驿卒。他们的待遇比较优厚，百姓的负担也得以减轻（《燕翼诒谋录》）。改革初期，这种形式确实起到了一定效果。但是，宋朝的铺兵"昼夜往来，备极劳苦"（《嘉定赤城志》）。按规定，他们虽有国家按月拨给的粮饷，但是禁不住官吏们的层层克扣，又不按时发放，常常使他们衣食无着。有的"盘缠缺乏，多饥冻僵殍"（《永乐大典》卷一四五七五）。前面提到的湘江沿岸的水递铺夫，其生活也极为艰苦。他们常常"衣食不给"，又因水运艰难，而程限则常常与陆运相同，或遇风涛阴雨，误了限期，"率被笞捶"。为了活命，这些铺兵和铺夫只得啸聚山林，落草为寇。宋朝的史书上记载了很多铺兵逃亡、造反的事例。为了防止铺兵逃跑，宋朝统治者制定了严格的法律，强迫在他们肉体上刺字，有的刺面，有的刺臂，简直把他们和囚犯同等看待。这种情况导致了铺兵与政府之间的矛盾更加恶化。

知识链接

信号旗

船上使用信号旗通信至今已有400多年历史。旗号通信的优点是十分简便，因此，即使当今现代通信技术相当发达，这种简易的通信方式仍被保留了下来，成为近程通信的一种重要方式。在进行旗号通信时，可以把信号旗单独或组合起来使用，以表示不同的意义。通常悬挂单面旗表示最紧急、最重要或最常用的内容，例如，悬挂A字母旗，表示"我船下面有潜水员，请慢速远离我船"；悬挂O字母旗，表示"有人落水"；悬挂W字母旗，表示"我船需要医疗援助"等等。

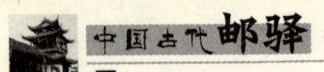

"宾至如归"的宋代馆驿

宋代馆驿已和通信邮递完全分开，其职责仅仅相当于政府招待所。

宋代的馆驿，分为几个不同的等级和层次。国家一级的有高级迎宾馆，招待来自四邻的国家使节。当时的北宋都城汴梁，建有四所重要的大型宾馆，其中专门接待北方契丹使者的叫"班荆馆"和"都亭驿"，接待西北西夏等少数民族政权使臣的叫

递铺驿站雕塑

"来远驿"，接待更远的今新疆地区和中亚来宾的叫"怀远驿"。在这些高级宾馆里面，有着非常豪华的设备，有时在此举办国宴，宴请各国使臣和朝内大臣。

地方一级的政府招待所相对也比较豪华。从外表看来好似壮观的大庙，又像是颇有派头的官府，也好像富贵人家的邸宅。内部设备应有尽有，简直使旅客乐而忘返。宋朝大文学家苏东坡有一篇散文叫做《凤鸣驿记》，里面有这样一段描述："视客所居与其凡所资用，如官府，如庙观，如数世富人之宅，四方之至者如归其家，皆乐而忘去"。南宋时期，另一位文学家毛开又用细腻的笔调描写了另一处驿馆："为屋二十四楹，广袤五十七步，堂守庐分，翼以两庑，重垣四周"（《和风驿记》）。意思是：屋宇十分宽敞，左右前后有24间房子，住宿面积57步，有厅堂有居室有走廊，四周还有高高的院墙。这里服务人员很齐全："门有守吏，里有候人"，简直是宾至如归，在这里居住让人感觉十分舒适。

当时也有供一般人住的驿馆，尤其是在没有严格管理的小驿站里，普通百姓将馆舍暂充居处，聊以避寒。《东都事略》记载了宋初大将张永德的一个小故事。说他落魄时，就曾住在宋州（治所在今河南商丘）的葛驿，"佣力以食"。有一名落难女子，也暂住在葛驿。当地父老可怜他们，不时接济他们衣食，介绍他们配为夫妇。有一天，后周太祖郭威来到此地，也住在葛驿里。这女子忽在聚观的人丛中大声呼喊：这是我的父亲！郭威命其向前相认，果

第五章 宋元时期的邮驿

然是失散多年的女儿。于是,郭威便将女儿、女婿带走。这个故事将五代和宋初时普通驿站的情况作了生动的描述。

两宋时的馆驿一般都有严格的管理。来客要登记在册,共同遵守驿规,不得损坏公物。规定住宿旅客不得长期占有驿舍,期限最多不许超过30天。若赖着不走,超过日限者判徒罪一年。这个规定,对于那些出差的体面官员似乎有些过分。估计在当时此规定未必能够完全实施。

古代完整的通信法规——《金玉新书》

曹魏时代我国出现了第一部《邮驿令》。唐朝时候,关于邮驿方面的法令规则,在那时国家的法律《唐律》里都有着具体规定。到宋朝时,国家大法《宋刑统》中也有关于邮驿的一些法规的记载。

北宋初,各地邮驿制度混乱不堪,有些政府驿使官员,任意加重驿夫的负担,命令他们带着包裹,"负重奔驰";也有些驿路管理官吏,受贿滥发驿券,以致驿道任务

安吉县城递铺镇古驿站

超度繁杂,驿站不堪负荷。为了整顿这种情况,宋仁宗嘉祐四年(1059年),根据枢密使韩琦建议,政府责令三司使张方平制定了"驿券则例"74条,颁行天下。这一则例又称《嘉祐驿令》。根据这一驿令,在刑法中又增加了许多更为细致的规则,诸如规定:"诸不应入驿而入者,笞四十",贪赃枉法者,"皆杖一百",等等(《宋刑统》)。从此,驿路大大安宁了。发展到南宋时,由于邮驿的发达,使得其涉及社会生活面较广,已经形成了自己相当完整、专门的通信法规,这就是《金玉新书》。

所谓"金玉",是取古代"金科玉律"这个专词的简称。这部法规的编纂者已经无可考证,但其成书年代,经过专家们的考订,大约可以断在南宋高宗绍兴十九年(1149年)或稍后。那时候,与北方金的激烈战事刚刚结束,诸事需要整理就绪,而原先北宋时所用法规大都散失,邮驿制度也很混

宋代馆驿

乱，宋高宗便命令一些朝臣汇集了散在民间的有关邮驿旧法编纂而成。可惜的是，经过历代战乱，这部法规在民间失传了。所幸在明朝修的大型类书《永乐大典》的14575卷中收录了它的原文，使我们方能窥其全貌。

根据《永乐大典》的记载，我们可以知道这部《金玉新书》共有115条，其中涉及邮驿刑律的51条，有关赏格的10条，关于邮驿递铺组织管理的内容54条。法规涉及了很广的范围，严格维护了官方文书的不可侵犯性。比如《金玉新书》规定，盗窃、私拆、毁坏官书者属犯罪行为，都要处以刑罚，若盗窃或泄露的是国家重大机密信件则处以绞刑；涉及边防军事情报而敢于盗窃或泄露信件内容者斩，教唆或指使犯法者也同样处以斩刑；盗窃的如果是一般的文书，按规定也属于触犯刑律，处以徒刑，发配500里。值得注意的是，《金玉新书》规定，刑罚不仅仅处罚那些作为传递文书的当事驿夫，同时也要处置他的上级官吏，包括有关急递铺的曹官和节级，失职者一样要处以杖刑。

《金玉新书》对驿递过程中的驿递程限、各种传递方式中发生的失误，皆有具体的律令规定和不同的量刑标准。比如处罚邮件失误的量刑中，步递最轻，马递次之，急脚递最重。计算路上走驿和行程、误期的量刑，则以日计算，其刑罚随着天数的不同而不同。

从《金玉新书》我们可以看出，中国封建社会，至少是宋朝时期，政府对邮驿是十分重视的，规定是很严格的。而"以法治邮"的做法，很好保证了邮驿的正常运行。

"私书附递"的法律化

宋朝以前，特别是到了唐朝，官员们通过国家的邮驿机构投寄私书，虽然也在可行之列，而且逐渐频繁起来，成为司空见惯的事，但毕竟没有得到政府有关方面的认可。而到了宋朝，情况则截然不同，官员的"私书附递"

第五章　宋元时期的邮驿

成为皇帝诏令中明文规定的事。从此以后，通信的范围得以大大扩展。这是我国邮驿制度史上的一次意义十分重大的变革。

此制开始于北宋太宗雍熙二年（985年）。这一年，宋太宗为笼络士大夫官员，特别恩准：官员在近系家属之间，可以随官方文书一起传带家信。但遗憾的是，后来由于产生了诸多弊端而遭到废弃。但到宋仁宗统治时，政策得以放宽，1036年其下诏令说："中外臣僚许以家书附递。明告中外，下进奏院依应施行"（《燕翼诒谋录》）。开始时官员私书，还只许步递传送，但是不能影响和干扰国家急递文书。后来制度逐渐松弛，大量私人书信都通过急递铺附递。北宋大文学家欧阳修曾说：当时他自己和朋友之间的往来书信，便是由急脚递传送的。他的信中往往有"近急足还府，奉状"、"急足自徐还，辱书"、"近急脚子还，尝奉讯"等等字样，这些都是最好的证明。

许以私书附递，士大夫中书信往来在一时之间猛然增多，宋代名人的文集中"书牍"体裁的文章骤然多了起来，有人还以名人的尺牍名闻于世。《苏东坡集》中便有许多家书体的文章，写得隽永可亲，其中常常有"轼启，近递中奉书必达"、"别后递中得二书，皆未果答，专人来又辱专笺"的附言，这"递中"的意思就是递铺传送的书信。有些家书，自远道寄来，使人喜极而泣。诗人陆游有一首诗表达了他接到书信时的心情："日暮坐柴门，怀抱方烦纡。铃声从西来，忽得濠州书。开缄读未半，喜极涕泗俱。"（《得子虡濠上书》）这是说，晚年的陆游，被朝廷罢官，独自闲坐在家中，正在难以排遣的时候，忽然听到自远方传来邮递的铃声，得到了来自远方的私书。他在阅读书信的过程中，情不自禁地流下泪来。随送的私书多了，有人也利用这一方便给某人以讥讽。在宋人笔记小说中，有这样一则故事：有一个名叫曹泳的人，是奸相秦桧的爪牙。他的官越做越大，这让不少人对其阿谀逢迎。惟独妻兄厉德斯不买他的账，不愿对他奉迎，曹泳极为不满。秦桧于1155年死去，厉德斯立即写了一封信，派人送到曹泳处。曹泳接书一看，原来是题为《树倒猢狲散》的一篇文章，痛骂秦桧奸臣一伙。这则故事，说明了当时人们对奸臣的深恶痛绝，但同时也反映了南宋时私人

古代端州驿站旁的包公祠

书信已有各种合法途径递送。厉德斯当时仅是一个地方小官吏，也能投递私书，这都是私信通讯普遍性的说明。

南宋邮驿的衰落

建炎元年（1127年）五月一日，刚刚称帝的高宗皇帝颁发了恢复邮驿的诏令，主要内容是：

（1）"招诱"逃亡铺兵，重整邮驿队伍，缺额的抽调厢军补充，按月发给衣食。

（2）停止驿递各种杂役，"专一传送文字"。

（3）以行在（高宗流亡政府所在）为中心，组织通信网路。"凡文书被受、誊写、入递并依常法，敢有违滞，重置典宪"。

（4）责令各路官员，认真巡视检查，"招填铺兵，驱磨递角，毋或违慢"（《永乐大典》卷14574）。

一段时间后，金兵三路攻宋。同年十一月，高宗逃亡扬州，从此开始了长达5年的流亡生活。通信随着军事而变化，递铺跟着政府共流亡。

建炎二年（1128年）秋天，金兵再次南下，直接向扬州进攻。次年二月，宋高宗君臣仓皇逃命，先至镇江，后到杭州，并宣布镇江府至常州以北邻近大江的地方，为重要边防地带。在沿途设立斥堠铺，直通流亡政府驻地杭州。建炎三年（1129年）五月，宋高宗北上驻江宁（南京市），随即下令在沿江一带，"量远近相度，上下连接"的地方，拨款购置轻便小船二只，配备水手三人，专门传送军事文报。十月，金兵向宋朝大规模进兵，高宗无奈之下只能南逃，直至定海。金兵穷追不舍，宋高宗没有退路可选，只得乘船在海上漂流，极为狼狈。在他惊魂初定时，又下令建立水上通信组织——水斥堠铺。纵观这一段时间的通信历史我们不难发现，宋高宗逃到哪里，通信网路就设到哪里，这种流亡逃跑的政局，使得通信濒临破产。

南宋初期，宋金战争频繁，出于应对局势的需要，出现了多种通信手段并用的局面。绍兴二年（1132年）九月，因宋淮西军与金接壤，于是在与淮西军隔江相对的地方，除沿江要害处设置斥堠铺承传军文书外，又担心大江风急浪高，船不能渡，又在沿江相对地方设置烽火台十处，一旦发现有敌情出现便举烟火色号相应。每日平安无事，在初更时举火一把；每夜平安，在次日平明时举烟一把；如遇敌情，不限时间，日则举烟，夜则举火，各以三把为号。然后与江东斥堠铺相衔接，逐铺接力传送，直至宋王朝统治中心。

南宋的通信组织形式复杂多变。孝宗淳熙十三年（1186年），王厚之说："近来摆铺、斥堠铺、省递混而为一，共分食钱，通同传送，所以多有违限。"他建议：各种递铺组织要明确分工；选择年轻、素质好的人充当摆铺，传送军期紧急文书；没有摆铺的地方，军期文书可入斥堠，常行文字入省递，以免因分工不清而造成延误。

南宋时期邮驿衰落，以下列三个问题最为突出：

（1）组织瘫痪。据绍兴十一年（1141年）六月臣僚言："湖广、京西州县据上流之势，与虏为邻，访闻两路往往并无递铺，纵使有之，不过茅椽三四间，入兵一二人，亦无请给济赡。"遇有公文，往往抓老百姓传送，都是提前抓来的，关在一起，像囚徒一样。每一铺抓夫十余人，十日一替，口粮自备，往返一个多月，荒废农务，影响传递。还有的驿递，多的不足三四人，少者只一二人，或只一人，"递筒委积，担负而行"，使公文传递失去了组织保证。

（2）稽延文报。很多官员假公济私，滥发文书，"以一昼夜为率，动辄数百"，"致使递角浩瀚，人力不胜"。有的"积聚递角三百件，方差一二名贫乏者，负担乘传"。有的将递角扔在路旁，干脆送也不送了。由于递角过多，沿途递拒不接受，迫使上站铺兵越境过州，一直送到本府，长途奔波，往往数千里，"沿途并无口食，乞丐前来"。以接力传送，昼夜不停为特征的递铺通信，在南宋已是名存实亡了。

（3）盗窃递角，泄露机密。有的铺兵利用职权，盗窃递角，以出卖情报来谋取福利；有的官员以检查为名，私拆递角，偷看其信件的内容。甚至各路发御前文书，在传递中也照样被

江苏高邮古城南门外孟城驿站

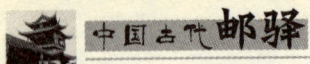

窃，朝廷收到的竟然是没有任何内容的空函。因此，当时有人说："置邮传命，古人重之。今之递铺，反为虚设。"

南宋导致邮驿衰落的根本原因是其政治的日益腐朽，也是宋代高度集权、守内虚外政策发展的必然结果。我们应该看到的是，除此之外，还有两个原因：一是官吏严重失职，漫不经心，失于职守，坐视递角散失盗窃而不闻；二是铺兵衣食粮银不按时支给，铺兵饥寒困厄，大量逃亡，递铺严重缺额。新增员的铺兵多是逃军、罪犯或老弱之人。这些人"诡名冒役，朝集暮散，更无定籍"，使通信失去了保证。两宋邮驿以变革开始，但是最终仍然因为政治的腐败而不可避免地走向了衰亡。

第四节
辽、西夏、金的邮驿

与北宋、南宋同时，我国北方大地上还存在着几个由少数民族统治者建立的政权，这就是北方契丹族建立的辽、女真族建立的金和西北党项族建立的西夏。

当时北方的战事依然十分频繁，民族压迫深重，经济遭到十分严重的破坏，邮驿也一度处于混乱状态。但是，一段时间之后，辽、西夏和金的统治者很快便收拾残局，使经济得以很快恢复正常，也恢复了正常的邮驿通信，而且具有十分鲜明的民族特色。

辽朝邮驿

辽朝是以契丹族贵族为主的政权。契丹族是长期以来以今辽宁省辽河上游的西拉木伦河流域为活动中心的古老民族。公元916年，阿保机建立了契

第五章 宋元时期的邮驿

丹政权，到947年耶律德光（辽太宗）改国号为辽。辽的领土"东至于海，西至金山（阿尔泰山），北至胪朐河（克鲁伦河），南至白沟（河北雄县），幅员万里"（《辽史》卷37）。

辽代境内分设五京：上京临潢府（今内蒙古巴林左旗），中京大定府（今内蒙古宁城县），东京辽阳府（今辽阳市），南京析津府（今北京市），西京大同府（今大同市）。五京之间有驿路相连通。据《辽史·地理志》载，上京临潢府西南有同文驿，专门用来接待各国的信使。驿西南有临潢驿，专门接待夏使。中京大定府设大同驿，接待宋使；朝天馆接待新罗（朝鲜）使臣，来宾馆接待夏使。从辽代馆驿的设立，我们不难想像当时各民族间交往的密切。

牛、车、驼、马是辽代的主要交通工具。通过南京（今北京市）入中原的大道，接连长城各口，主要有四路："一曰榆关路，二曰松亭路，三曰古北口路，四曰石门关路。古北口东三十里又有奚关"。其中榆关一路比较平坦，较为方便行走，"居庸可以行大车"。古北口路和松亭路则山路崎岖，"只能通人马，不可行车，外有十八小路尽兔径鸟道，只能通人，不可行马"。

辽朝地处山地和草原，这样的条件注定了交通条件的落后。陆路交通占重要地位，海上交通由于船只少，也不是很发达。使臣驰驿以银牌为证。《辽史·仪卫志》中载："银牌二百面，长尺，刻以国字，文曰'宜速'，又曰'勅马走牌'，国有重事，皇帝以牌亲授使者，手箚给驿马若干，驿马缺，取他马代，法昼夜驰七百里，其次五百里，所至如天子亲临，须索更易，无敢违者。使回，皇帝亲受之，手封牌印郎君收掌。"

驿在大多数情况下又称馆，其设备是相当简陋的。使臣经过馆驿，有指定的"供亿户"沿途供应饮食，并备车马驴送到界首。有时馆驿无人，就到附近抓人应差。辽代徭役以邮驿、马牛最为重要，役户送往迎来，常常疲于奔命。辽官员萧韩家奴答兴宗制问，把"节盘游，简驿传"同"薄赋敛"相提并论，我们由此就可以看出驿传是加在人民头上的沉重负担。通信也不例外，"每有急递调发之政，即遣天使带银牌于汉户须索，县吏多动遭鞭箠，富家多被强取"。道宗以后，驰驿有所限制。大康八年（1082年）二月，"诏南北院官，凡给驿者，必先奏闻。贡新及奏狱讼，方许驰驿，余并禁之"（《辽史·道宗纪》）。寿昌三年（1097年），"诏罢诸路驰驿贡新"。天祚时，枢密使马人望因驿递"病民"，实行"使民出钱，官自募役"的办法，这在很大

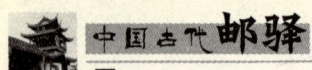

程度上有利于人民负担的减轻。但是由于交通条件难以改进,加上军事活动频繁,其本质问题依然没有得到十分彻底的解决。

西夏邮驿

西夏是南宋时割据在今宁夏一带的民族政权。其在李元昊统治期间,仍然按照中原制度修治驿路。据至今留下的碑文记载,西夏为了和宋朝争夺陕北,在今甘肃靖远境内的黄河上修建莎桥,沟通了陕、甘、宁地区的驿路。莎桥是索桥的转音,也可以认为就是一座铺上板面的铁索桥。

据宋人曾巩的《隆平集》记载,当时西夏境内东西有25驿,南北有10驿,自黄河至辽境又有12驿。马、牛、骆驼是西夏主要的通信工具,也仿照中原体制有驿牌。遗留下来的西夏敕牌,刻有西夏文字"敕燃马焚",意为"敕令驿马昼夜急驰",据考证即是当时西夏驿站传递文书时用的符牌。

金朝邮驿

1115年,女真族首领阿骨打建立金政权。这个政权一经建立,便以破竹之势,长驱直下,1125年灭辽,1127年灭亡北宋王朝,并与宋高宗政权南北对峙,中国的半壁江山被它所占领。

金统治者继承了唐宋以来中原的统治制度,并在辽朝的基础上有了进一步发展。

金太宗天会二年(1124年)正月,诏自京师会宁(今黑龙江阿城县南)至南京,每50里置一驿。同年闰月又从上京到春泰间置驿(《金史》卷3"太宗纪")。这被认为是金朝设立邮驿的开始。这一年,北宋政府派遣著作郎许亢宗出使金朝,祝贺金主登位。他从雄州动身至金都会宁府,全程2750里,沿途经由驿站39处,这是金朝通往中原的主干线驿路。

金代不仅仅驿路发达,而且仿照宋制建立起了急递铺组织。金章宗泰和六年(1206年)六月,"初置急递铺,腰铃传递,日行三百里,非军期河防不许起马"。据《金史·徒单镒传》载,镒为北京府兼宣抚使,上言:"初置急递铺,本为传送文牒,今一切乘驿非便,上深然之,始置提控急递铺官。"

和辽代一样,金代也实行"民养驿马"、"民应驿差"制度,以致使客经过驿站,"求索百端","人多逃窜"。宣宗兴定三年(1219年)改为由百姓出赋税,"官给驿递"。根据相关文献记载:金世宗想吃新鲜荔枝,兵部特于沿途设递铺传送。后来,谏官黄久约给他讲述了杨贵妃吃荔枝的故事,世宗于是下令停止,并感慨万千地说:"夫为人无识,一旦临事,便至颠沛,宫中事无大小,朕尝观览者,以不得人故也,如使得人,宁复他虑"(《金史·世宗本纪》)。

金朝很早就开始实行驿牌制度了,分金牌、银牌、木牌三种形式,后又制成绿漆红字牌。金太祖收国二年(1116年),始制金牌,以后又有银牌、木牌。金世宗大定二十九年(1189年),制绿油红字牌,尚书省发文书时使用。朱漆金字牌发御前敕书使用,均由左右司掌管。文书随牌发交马递铺,日行250里。南宋洪迈说:"金国每遣使出外,贵者佩金牌,次佩银牌、俗呼为金牌、银牌郎君。北人以为契丹时如此,牌上若篆字六七,或云阿骨打花押也,殊不知此本中国(宋朝)之制。"(《容斋三笔》卷4)

知识链接

旗语

在15—16世纪的200年间,舰队司令靠发炮或扬帆作训令,指挥属下的舰只。1777年,英国的美洲舰队司令豪上将印了一本信号手册,成为第一个编写信号书的人。后来海军上将波帕姆爵士用一些旗子作"速记"字母,创立了一套完整的旗语字母。1805年,纳尔逊勋爵指挥特拉法加之役时,在阵亡前发出的最后信号是波帕姆旗语第16号:"驶近敌人,近距离作战。"1817年,英国海军马利埃特上校编出第一本国际承认的信号码。舫海信号旗共有40面,包括26面字母旗,10面数字旗,3面代用旗和1面回答旗。旗的形状各异:有燕尾形、长方形、梯形、三角形等。旗的颜色和图案也各不相同。

第五节
元代驿站的兴亡

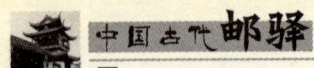

元代的驿站设置

1. 站赤与驿站

《元史·兵志》说:"站赤者,驿传之译名也。"《经世大典》也曾提道:"站赤者,国朝驿传之名也。"站赤为蒙古语的音译。把"站赤"译作"驿站"是值得商榷的。元语称"赤"的很多,都是指"人",并不是指"物"。如"达鲁花赤"译成汉语为"管民官","扎鲁火赤"为"断事官","昔宝赤"为"司鹰官","兀剌赤"为马夫,等等。赵翼《廿二史劄记》、《华夷译语》等书对此的解释颇详。"站"字在元以前没有"驿"的含义。《黑鞑事略》中说,窝阔台置蘸之法,"各出差发,为各地中分'蘸'之需"。"蘸"与"站"读音相同,后演绎为"站"字。顾炎武说:"'站夫'之名,肇见于元。"可见"驿"与"站"连用,是从元代开始的。准确来讲,"站赤"应译为"管理驿站的人"或"掌管驿务的人"。把"站赤"译为"驿站",在元朝时就已经开始出现,即使到了今天,这个说法依然存在,"站赤"逐渐失去了它原来的含义,成为"驿站"的同义语。

2. 驿站条例

元世祖中统五年(1264年)八月,改年号至元,大赦天下,颁《新立条格》,"定诸王使臣驿传,税赋、差发……"与此同时,立《站赤条划》,并以此为依据,"改革汉站"。这里所说的"改革",主要是整治,用统一的条例管理和规划驿站。《站赤条划》共有十条,这个条例不仅仅应用于汉族地区

第五章　宋元时期的邮驿

的驿站，而且蒙古族地区的驿站也十分适合，实际上是元代驿站的基本管理条令，它是研究元代邮驿的主要资料。《站赤条划》的主要内容是：

（1）组织领导。委本路管民官督勒管站，照看铺马。

（2）管理马匹。四户养马一匹，有倒死者，验数补买。若管站官妄行科敛财物，依律断罪。

（3）应付"祗应"（首思）。依验使臣分例，应付当日首思，如有冒破及不应给者，令本站官赔偿。

（4）验收马匹。站户买马，仰本管官先行看视，须择买肥壮者，不得听任站户，随意滥收。

（5）约束站官。管站官不得私骑铺马，违者治罪。

（6）检验符牌。遇使臣经过，应辨验起马劄子，不能只看来贴。

（7）管理牧地。驿站牧地，由管民官及本站官丈量亩数，明示界限，不得互相侵乱，也不得挟势冒占民田。

（8）按时申报。使臣经过起数，仰总府取会，于次月初十日前申报。

（9）监督使臣。使臣不得违例多骑铺马及勒索站赤财物。

（10）按时提调。各路站赤委府州县达鲁花赤长官提调（《元典章》）。

古代递运所

3. 站官

元代各驿站设站官，管理驿站是站官的主要职责。《元史》中说："其官有驿令，有提领。"一般大站设驿令，小站设提领。至元七年（1270年）二月立"站赤事理"七条，规定"总管府在城驿设官二员"，"州县驿设头目二名"。至元二十八年（1291年）六月，昌平等处驿站滥设站官、百户、司吏、提控、总把、库子等人，其名称多种多样，很难进行统一管理。在这样的背景下于是定制，各处设站官二员，大都，上都置司吏三名，其余设二名，祗应头目、攒典各一名。至大四年（1311年）八月，明确提出按照驿事繁简，分三种不同类型对站官进行设置：

元代站赤

（1）重要路分，如大都至上都驿站，每站除设驿令、驿丞外，另设提领三员，司吏三名。

（2）腹里路分，如山东、山西、河北一带，冲途要路驿站，每站设提领二名，司吏二名。

（3）其余闲慢驿站，只设提领一名，司吏一名。

提领由兵部委派，为九品官，三年一期。副职初由站户内选派，后因站户不熟悉站赤事务，改由色目人或北人内选当，长期担任职务。提领管辖的站户，多的二三千人，少的五七百人，其责任是十分重大的。在这样的条件下，于是又规定，现役提领不得随意更换。站官的主要任务是：

（1）管站官员不得借乘铺马，不得勒索站户及随便差发侵扰。

（2）驿使到站先验起马劄子，如事关军务急速，即如数应付良马，不得停滞。如是缓慢公事，当日行过三站後欲起马，或无劄子的，一律不得给驿。

（3）站内槽前鞍辔绳索等一切什物，必须完备，马匹不得瘦弱缺役。

（4）登记经过使臣的姓名，并铺马数目，发给劄子的衙门，从某处前往某处，办理何项公事，各站每季造册申报总管府。

（5）站官不得离站。

（6）运送官物到站，暂停馆舍内，站官及百户轮流看守，不得丢失。

（7）站官不得迎送官员，以免妨碍公务。

（8）管理站户。元代驿站官员除了管理驿站事务外，还要管理站户。这是元代驿官与宋、明、清驿官相区别的一个十分明显的特点。

4. 驿站的设置与设备

元因宋制，号称60里一驿。但各地之间的距离差别很大，两站间的距离远近也极为不一。如汴梁至鄂州江北岸阳罗堡，驿路1400余里，设立21站，每站平均距离70里左右。又如大同至和林4000里，每100里置一驿。有的因为两站之间的距离较长，在"道半别置官舍"，叫作"腰驿"。

驿舍是驿站用来招待使臣住宿的房舍，"驿中有堂，有室，有庖湢"。至正五年（1275年），江西行省重修南浦驿，占地面积长144尺，宽72尺，"作堂其中。九架者三间，其前轩崇广如堂而杀，其架之四堂左右有翼如堂之深，左右廊五架者八间，皆有重屋大门，七架者五间庖厩井厕"。《马可·波罗游记》中称，元代驿站"宏伟壮丽的建筑物，陈设华丽的房间"。由此不难看出其规模是很大的。但事实上并不是完全如此，就在马可波罗称赞元驿的同时，至元十九年（1282年）九月，兵部上言："各路驿舍，冬无暖室，夏无凉所，饮食器皿，床榻铺陈之属，俱不整齐"（《永乐大典》卷19417）。

交通工具是驿站的主要设备。《经世大典》里面就记载使臣"陆行马微者，或给驴；闽广马匹少，或代以牛，水行舟，山行轿，倦者给卧轿，纲运以车马，直险则丁夫负荷，辽海以犬拽小舆，载使者行冰上"。概括而言，当时因地制宜，将各种各样的交通工具的作用充分发挥出来了。

元代全国驿站约有马匹4.5万匹，马的名称也是很多的，如："铺马"，即驿马，供驰驿使臣骑用；"长行马"，使臣或官员自备的马匹，驿站按规定供给草料或祗应；"贴马"，定额以外的备用马匹，与正马数量相同，由站户在家喂养，以备急用时顶替。

元代哈儿宾（今哈尔滨）地界原设狗站15处，站户300，狗3000只。"后站狗多死，至站无以交换"。

在交通枢纽处设车站，其主要任务是专门运输金银、宝货以及钞帛、贡品等急需物资。但车站在当时并不是十分常见的，元时全国约有站车3967辆。最大的车站是大都陆运提举司，最多时有站车500余辆。没有站车的驿站，或站车不敷用时，则"科起民家牛车，无者出产长雇"。车站一度由马站兼管，大德六年（1302年），单设提领对车站进行管理。

元代的水运是十分发达的，全国有水路驿站424处，占驿站总数的28%。拥有船5921笺。船的种类也是多种多样的，按载重量分为五十料、二三十料不等，各站大小不同，额设船笺也不一样。

除以上列举的之外，驿站也用牛、骆驼等作为交通工具。

5. 驿站经费

站户主要负责元代驿站的主要开支。马可波罗说："驿站都不需要直接负责开销驿马的费用，因为驿马是由邻近城镇、村落负责供给的，它们平时饲养，用时供应。""依照居民的财力，强行征派"（《马可·波罗游记》）。至于政府拨给驿站的经费，其数目是十分有限的，既不经常，又不普遍，大多数情况下是临时性补贴。

政府对重点的冲繁驿站，会定期拨给津贴，如至元二十五年（1288年）正月，腹里路分田禾不收，百物昂贵，驿站祗应繁重，已拨经费不足应用，以致科借于民。元政府决定对河北、河南、山西、山东,辽宁等38路,279个驿站增拨中统钞3981锭,连同原拨款7169锭,总共拨款11150锭。每年上、下半年两次发给。除此之外,还有用于临时性赈济的政府拨款,其中以对蒙古地区站赤赈济的次数和费用为最多。

元朝"驿使"和"铺马札子"

元朝具体负责通信的人,身份比较复杂,其来路也不尽一致。有的是朝廷直接委派,也有地方派遣的,他们统称为"使臣"或"驿使"。就其身份而言,其中有王公贵族,也有州县官吏,甚至还有身份极其低下的百工匠人。这些人是元朝传送官方文书的主要人员。按照元朝官方的规定,当时政府通信有两条传送渠道:一是"遣使驰驿",即上述这种专使的传送;另一种叫"铺兵传送"。前者传送的是有关国之大事的文书,后者传送的是有关日常小事的文书。前者通常情况下称为马驿,后者经常称为步驿。

因为身份和品级的不同,元朝规定驿路上"使臣"的给驿标准也不尽相同。比如给马,规定三品官给马五匹,四五品官给四匹,六品、七品官给三匹,八品以下则给两匹。路上的食宿供应标准也按品级的高低而有不同的待遇,如有的使臣给白面、大米、油、酒、肉等,一应俱全;有的则仅供给一顿粥饭,最低的甚至只有一升米。

元朝和宋朝一样,也通行驰驿的牌符证件,金银字圆牌是最为常见的,还有一种叫"铺马圣旨"的证明。金、银字圆牌是紧急驰驿的证件,其主要职责是递送军情急务。这种印信有汉字、畏兀儿字和八思巴文三种,上刻有"天赐成吉思汗皇帝圣旨疾"字样,由中书省发给驿使作为凭证使用,事情完成后就立即收回。1965年,在甘肃兰州收集到一块元朝的银字圆牌,牌为铁质圆形。牌面的字镶嵌在铁板上,正反面都有虎头纹样,正面错银凸出八思巴蒙古文五行。经相关专家考证,其字为"长生天气力里皇帝圣旨,不从者治罪"。这一块银牌,正是史料记载的印证。元朝还有一种特殊的"海青牌",是一种青色牌符,其职责也是负责传送紧急军情。"铺马圣

元代急递铺令牌

旨"，又称"铺马札子"或"给驿玺书"，是一般文书的传送印信。这是一种盖上皇帝大印的纸制品，由中书省印发。这种证件最初用蒙古文字印制，后来因各地驿站多不认识，在这种情况下改为马匹图形作为标志。这些铺马凭证，到明初时又统称为"驿券"，在明人修的《元史》中即可以见到。

元代驿站网路

据《元史·地理志》和《经世大典·站赤》所载，在元朝时，全国有驿站1519处。

元代驿站是以路（府、州）为枢纽设置的。元时行省以下，有路185。其中设有驿站的路140路，占全国总路数的绝大部分。

腹里与边疆，南方与北方，汉地与蒙古地各不相同，在这样的背景下，驿站的分布、规模、密度的差别也是很大的。

以大都为中心的驿站网，通过层层辐射，逐站接力，通往全国。元代在大都设置大都驿、陆运提举司、大都步站所等邮驿组织，与全国水陆驿站相连通。据《析津志》载：

大都驿，"上隶朝省，下达万邦，乃车书辐辏之所。供亿丛剧，驰传实繁"。

"大都驿，元额马一千三十七匹，驴二十头。目今见在马二百单九匹，驴五十二头。""陆运提举司，元额站车五百八十九辆，目今四十七辆。"

"大都步站所，元额站车一百九十四辆，目今六十五辆。"

大都通往全国的干线驿路有三条：

东路：大都经通州、蓟州，衔接辽阳、岭北行省驿路。

西路：大都至昌平，在榆林分路。

南路：经良乡、涿州南下，与南方各行省驿路相连接。

元代驿站的组织体系与管理

1. 中央管理

元朝因袭旧制，由兵部管理驿站。几乎是与此同时，元政府又在中央设立了专门机构——通政院，管辖全国的驿站。

《元史·兵部》中载："尚书三员，正三品；侍郎二员，正四品；郎中二

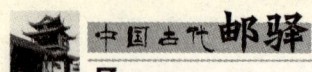

员,从五品;员外郎二员,从六品;掌管天下郡邑从牧之令"。"驰马、牛羊、鹰隼、羽毛、皮革之征,驿乘、邮运、袛应之制,悉以任之。"这也就意味着,制定有关驿乘、邮运、驿站支应等方面的典章制度,是兵部的职责。

元代驿站规模庞大,其事务是十分繁琐的,元政府为了达到加强对它管理的目的,专门设立了通政院管理驿站。

中统四年(1263年)四月二十八日,通往上都(开平)的驿路断绝,忽必烈派霍木海带领官员前往整顿。当时霍的官职是"总管随路站赤达鲁花赤",也就是总管全国站赤的长官。至元七年(1270年)十一月九日,元政府正式设立"诸站都统领使司",由兀良哈䚟、斡脱哥、霍木海三人负责,"专一管领站赤公事"。这被认为是元政府设置专职机构管理驿站的开始。"诸站都统领使司","品同部院",是当时管理全国驿站的最高领导机关。至元十三年(1276年)正月十三日,改组"诸站都统领使司"为通政院,铸印信,统管全国驿站。元制,通政院,秩从二品,下设院使、同知、副使、佥院、院判、经历、都事、照磨等官职,并设"廪给司",管理边远使客饮食供应等事。至元十四年(1277年),因大都、上都是全国驿站的总枢纽,其事务异常繁重,于是又在两地设通政分院,分别管理两都驿站。至元二十九年(1292年),又打算设江南分院,后来改为通政院派官员往江南整顿驿站。

通政院设立后,围绕着与兵部的分工及蒙、汉各地驿站管理问题,虽然期间几经波折,但最后仍由通政院统管全国驿站。

兵部与通政院管理邮驿,但其各自的侧重点都是不一样的。兵部的主要职责是:制定统一的邮驿条例、典章制度、程限和支应标准等,经中书省批准实施。通政院的职责是,除了在上述规定范围内,还要管理全国驿站事务,包括:管理全国站户;掌管各站夫、马、车、船等;管理银钱、米面、柴薪等项支应;检查驿站,严禁擅差科役。概括而言,兵部侧重于典章制度管理,通政院侧重于驿站事务管理。也就是说,"本院(通政院)乃京师辇毂之下,四方会同之所",这就是这一说法的具体体现。所以,不宜把兵部与通政院截然对立起来,孤立地评价哪个更好一些或更劣一些。元代"站赤消乏",是普遍的社会现象,而不是某一管理机构所能摆脱的。

2. 地方管理

元代地方行政组织较为复杂,一般分为省、路、府(州)、县四级。省是行中书省，类似大行政区组织。路设总管府，管辖府（州）、县，也有不属路而直属行省的府（州）。"元代路、州、县各立长官，曰达鲁花赤，掌印信，以总一府一县之治"（《草木子》）。"达鲁花赤"是蒙古语，意思是"掌印办事之长官"，也称"断事官"，大多数情况下由蒙古人担任。

路达鲁花赤管辖站赤，是元时管理驿站的重要原则之一。元代驿站是以"路"为中心设立的，路既是地方行政中心，也是交通和通信的枢纽。驿站直属路达鲁花赤管辖，"革去州县一重官府"，"州县不得干预"，这样一来，不仅减少了中间层次，也可避免州县随意役使、骚扰驿站。路达鲁花赤管理站赤，既与地方行政组织相适应，又使邮驿网的相对独立性得以保持下来。但是，以路为中心管理驿站，也有一定的局限性。路远离驿站，鞭长莫及，难以管理。在这种情况之下，至元以后，围绕着邮驿归谁管的问题多次发生变化。通政使察乃脱儿赤颜曾奏说："世祖皇帝时，汉地站赤从各路达鲁花赤总管提调，在后又令州县官领之，既而站户受害，依旧从各路正官提调，州县不预。至治三年（1323年）英宗皇帝行幸五台之时，左丞速速，同知不颜复奏，令州县提调站赤，今站赤告言，既隶通政院，又属州县官，于己诚有不便。臣与右丞相旭万杰等共议，但凡政事并依世祖皇帝制，已尝诏告天下，今次站赤止合从各路达鲁花赤总管提调，毋须州县官之，奉旨准。"（《永乐大典》卷19421）

路总管府对驿站的管理：路提点官亲自下去检查；指派脱脱禾孙进行检查；上对兵部、通政院负责，每季次月初十日前，将乘驿使臣经过情形及起马数字汇总上报；每月赴驿站督促检查，保持马匹肥壮，车船完整，走递均平，站户安顺，对违制者给以处罚。

3. 脱脱禾孙

元代于路总管府设脱脱禾孙，是专职对驿站进行视察的官员。《元史·百官志》中说："各处脱脱禾孙，掌辨使臣奸伪"，"正一员，从五品；副一员，从七品。"

脱脱禾孙制度始见于中统元年（1260年）五月二十一日："从宣德州择能干官员二员充脱脱禾孙"。脱脱禾孙设在"郡邑之都会，边路之衙要"，也就是我们通常所说的交通枢纽处。在没有设置脱脱禾孙的地方，由总管府检查。《永乐大典》卷19419记载了至元三十年（1293年）五月，在良乡、涿州驿站设立脱脱禾孙的情形："良乡、涿州驿当孔道，内外转运必由于此，比之他路繁剧劳苦莫甚，其使客到站往往威逼官吏，多取物色，或罗织问罪搔扰，站赤不便。且见口北榆林站以路当通道，故设脱脱禾孙二员，诘验谬伪。而燕南保定，往者亦为充实。正南泉兴至大名，西南庆都至真定两路设置脱脱禾孙二员以莅之。即今大名、泉兴之驿已罢，所掌惟保定至真定一道而已，若将此处脱脱禾孙徙于涿州治事……官民两便。"经奏准，奉旨实行。

脱脱禾孙当时的主要任务是按照给驿条例，"检使客，防姦伪"，检查对象是经过驿站的使臣。通常采用盘问的检查方式，"来往使臣令脱脱禾孙盘问"，"以验使命之真伪"。检查的内容是很多的，主要检查驰驿使臣有没有驰驿牌符，有没有假冒或多乘驿马，随身携带的物品是否违反规定，有没有夹带物件，等等。

脱脱禾孙的权力是很大的：一是因公出差，有乘驿的权力；二是可以搜查使臣行李，但是后来因为有太多的弊端而被取消；三是可以没收非法驰驿的证件；四是发现问题，可以直接向中央报告。

为了达到监督和约束脱脱禾孙权力的目的，元政府规定："脱脱禾孙如与使臣交赠为好，不以法称盘，致使引橐过重，压损驿马者，笞二十七，记过；脱脱禾孙随擅给驿马者，笞五十七；脱脱禾孙殴伤使臣，笞四十"（《元史·刑法志》）。即使是在这样的情况下，脱脱禾孙徇情受贿的事情仍然不时发生。如元贞三年（1297年）闰四月，蕲州路经历樊用赴省考察钱粮，回程到阳罗驿站，被脱脱禾孙以搜查为名，抢夺银四十锭，银光盏八枚，绢五匹半，罗三疋，白毡一付，鞍辔一付，等等。有的"使臣凡有所得，悉为脱脱禾孙之利"。江南使客受害的情况则更为严重。

元代驿站的衰亡

元代驿站的庞大规模，建立在残酷奴役和压迫各族劳动人民的基础之上，是以站户的血汗来加以维持的。贫困的站民倾家荡产，流尽血泪，在死亡线上痛苦地挣扎。而王公贵族、官僚豪绅、高级僧侣，络绎驿途，骚扰驿站，花天酒地，肆意胡为。这也是当时社会矛盾的焦点之一。随着元代政治的腐朽化加剧，这个矛盾越来越激烈化。

元政府设置驿站，"本以干办急务，布宣号令"，传送"朝廷军情急速公事"为首要目的，初时尚能控制，后期给驿泛滥，成为当时的一大灾祸。上至朝廷百官，下至地方小吏，以至于僧侣、商人、"贡使"，"百色所需，全藉铺马办集"，统治集团所需一切，都由驿站传送。在法定许可的驰驿范围以外，经常驰驿的还有："进鹰者"、"捕鹌鹑者"、"运送虎豹者"、"工匠"、"淘金人"、"采珠者"、"僧侣"、"商人"、"送丧嫁女"、"放贷取息"、"运送骨殖"、"送葡萄酒"、"进香送经"、"拘收皮货"，等等。范围之广泛，设置驿站之泛滥，名称之繁多，几乎到了无所不包的地步。天历三年三月兵部就曾指出："今各衙门官员为营私事，不肯遵守法度，搬取家属，收拾子粒，迁葬娶妻，送夫嫁女，泛滥给驿，以致站赤消乏"（《永乐大典》卷19421）。

不仅给驿范围广，而且需求量大，常常征用大量人马，十分劳民伤财。据《元典章》载，大都附近的良乡站，自大德十一年（1307年）九月至十二月四个月内，共起用站马13300余匹，平均每日起马120匹左右。就是全站马匹倾巢出动，往往也是穷于应付。

知识链接

陆游《卜算子·咏梅》

驿外断桥边，寂寞开无主。已是黄昏独自愁，更著风和雨。
无意苦争春，一任群芳妒。零落成泥碾作尘，只有香如故。

白居易《望驿站》

靖安宅里当窗柳，
望驿台前扑地花。
两处春光同日尽，
居人思客客思家。

元和四年（809年）三月七日，元稹以监察御史身份出使东川按狱，往来鞍马间，写下一组总题为《使东川》的绝句。稍后，正在长安任左拾遗和翰林学士的白居易写了总题为《酬和元九东川路诗十二首》的和诗，并题词说："十二篇皆因新境追忆旧事，不能一一曲叙，但随而和之，惟予与元知之耳。"《望驿台》是其中的第十一首。原诗题下注："三月三十日"。

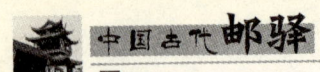

元稹《望驿台》云:"可怜三月三旬足,怅望江边望驿台。料得孟光今日语,不曾春尽不归来!""孟光",借指诗人的妻子韦丛。这是元稹在三月的最后一天,为思念妻子而作。结句"不曾春尽不归来",是诗人的悬揣之辞。料想妻子以春尽为期,待他重聚,而现在竟无法实现,怅惘之情,宛然在目。"望驿台",在今四川广元,白居易《酬元九东川路诗》中有嘉陵县望驿台,即望喜驿。

这是白居易应和好朋友元稹的诗。二人在贞元十九年(803年)同登制科,俱授秘书省校书郎,始相识并订交,"谊同金石,爱等弟兄"。

驰驿使臣对法律往往置若罔闻,肆无忌惮,为所欲为。有的无牌驰驿,到站索取铺马,一旦有不满意的地方,就鞭打站官站夫。有的跑到无驿州县,威逼官府,索取马匹。有的经过驿站,不住馆舍,强行住在民家,烧杀抢掠,无恶不作。还有的住在驿馆,胡作非为。至元二十一年(1284年)前两个月中,湖南道驿站过往使臣,索要妓女88人次,并不给银两。还有的长期霸占

始建于元代的驿站

馆舍，甚至长达十年之久，每天照支分例。还有的骑走铺马，长期不归。这些问题，都是当时社会现象的反映。

大德十年（1306年）五月，通政院奏："诸处站赤消乏，盖因近年来，内外衙门、诸王驸马各投下滥行给驿'脱脱禾孙不为用心盘诘；有司失于整治"（《永乐大典》卷19420）。

延祐元年（1314年）三月十五日，中书省言：站赤消乏原因有三：一则郡县迎接，妨碍公事；二则出无定处，咨其所向；三则事无程期，经年不返（同上）。

站赤

元代称驿站贫困为"站赤消乏"。元政府在这种情况之下多次采取措施，进行整治，但是"站赤消乏，积非一日"，"其弊终不可革"。

元代驿站衰亡，上层统治集团的腐朽是其主要原因，这些享有驰驿特权的人，可以不顾法令，不受任何约束地横冲直闯，骚扰驿站，以满足自己的私欲。元代诸王位下，可以擅自印发牌符，更有甚者敢于冒充皇帝旨意，非法驰驿，而且无人敢加以过问。延祐四年（1317年）闰正月二十五日，晋王位下派遣使臣4人，以及西藏大师7人经过良乡驿，各索要走窜马匹，提领、百户都遭鞭打。二月一日，又有西藏僧侣21人，起正马34匹，只有10匹被放回来，其余俱被掠走，并殴打驿官。朝廷对此也表示无可奈何。京师附近，天子脚下尚且如此，其他地方就更加不难想像了。

管理松弛，官吏渎于职守，也是元代驿站衰亡的原因。元代驿站条令虽然制定了不少，但都不是很完善，如没有一套严格的程限规定，邮驿律也很不健全。符牌用毕不缴回，个人长期占用，不足再造，越给越滥，以致于形成难以管理的现象。

元代中期以后，政局混乱，连年灾荒，马倒夫逃，驿路不通，也是驿站衰亡的原因。如：皇庆二年（1313年），保定路旱灾，人民吃树皮草叶，使客繁多，车办不敷，铺马损弊，站户当役不前，逃亡情况十分严重。延祐元年（1314年）三月，大都所属各驿，旱涝缺食，驴马倒死，人民流离失所。延祐二年（1315年）三月，漠北木岭道阿失不刺等三站，连日大风雪，黑风

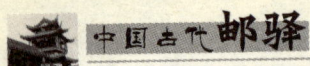

飘散积草，铺马缺食倒毙，所存者不过二三匹，站户及妻子，多数都因为饥饿丧亡（《永乐大典》卷 19421）。

　　以四通八达著称的元代驿站，到了元朝中后期已是支离破碎，再也不能正常运转了。元代驿站的衰亡，是元代腐朽政权的见证。公元 1351 年，在元统治力量最为薄弱的南方，爆发了大规模的农民起义，元代邮驿制度也随之瓦解了。

知识链接

马可·波罗笔下的中国邮驿

　　元朝的邮驿比以前各代都要发达。据《元史·地理志》统计，当时驿站遍布东西南北各地，驿路上人声鼎沸，一片繁忙的景象。13 世纪中叶，也就是元朝开国君主忽必烈统治期间，意大利旅行家马可·波罗对当时驿传的繁盛情况有着生动描绘。他认为，元朝的驿站制度是"难以用语言来形容的""十分美妙奇异的制度"。

　　马可·波罗在自己的游记中，以十分兴奋的笔调写道："从汉八里城，有通往各省四通八达的道路。每条路上，也就是说每一条大路上，按照市镇坐落的位置，每隔四十或五十公里之间，都设有驿站，筑有旅馆，接待过往商旅住宿。这些就叫做驿站或邮传所。这些建筑物宏伟壮丽，有陈设华丽的房间，挂着绸缎的窗帘和门帘，供给达官贵人使用。即使王侯在这样的馆驿下榻，也丝毫不会有失颜面。因为需要的一切物品，都可从附近的城镇和要塞取得，朝廷对某些驿站也经常性地供应。"

　　马可·波罗还介绍说，元朝每个驿站常备有四百匹马，供大汗的信使们使用。驿卒们传递紧急文书，一日可以飞驰 320 公里。他们"束紧衣服，缠上头巾，挥鞭策马以最快速度前进"，身上都带着一面画着鹰隼的牌子作为快速前进的标志。

第六章
明清时期的邮驿

在明朝的邮驿事务中,"民信局"是一个新兴事物。1644年,李自成的起义军将明朝的统治推翻。就在这一年,清兵入关后随之建立了清王朝。清代邮驿制度经历了重要改革,其最显著的特点是"邮"与"驿"的合并。

第一节
明代邮驿的组织与管理

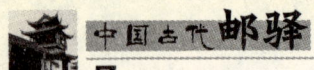

水马驿及递运所

明朝的法律大典《明会典》记载说:"自京师达于四方设有驿传,在京曰会同馆,在外曰水马驿并递运所。"从这条记载我们可以看出,明朝的"会同馆",是当时设在首都北京的全国驿站的总枢纽。

1. 会同馆

会同馆的基本职能有两种:一种是起邮驿传递书信的作用;另一种还同时起着国家级的高级招待所的作用。这里可以供外国使节和王府公差及高级官员食宿,甚至有的时候还由政府在这里举行国宴,招待来自邻国日本、朝鲜、越南等国的进贡人员。

会同馆设置在首都所在地,被称为是全国驿站的总枢纽,同时还是国家的高级招待所,"专以止宿各处夷使及王府公差、内外官员"。洪武时期,改南京公馆为会同馆。永乐六年(1408年)八月,改顺天府燕台驿为北京会同馆,地址在城内澄清坊北。迁都北京后,南京作为陪都,会同馆得以保留。正统六年(1441年),北京会同馆定为南北两馆,北馆六所,南馆三所。这其中以北馆规模为最大,设有宴会堂,用以接待各王府公差人员等。至于漠北瓦剌以及朝鲜、日本、安南等国进贡陪臣人等,则于南馆安顿。会同馆设大使一员、副使二员,以副使一员分管南馆。

会同馆的马夫是有名额限定的。北京会同馆有馆夫400名(北馆300名,南馆100名),马171匹,驴173头。南京会同馆有馆夫59名,马45匹,驴

25头。铺陈、饭食标准也有十分明确的规定。如遇使臣"朝贡"之时，馆夫人等在馆供事者，俱随身携带官给火印木牌，凭牌出入，随时检查，事情完毕后立即收回。会同馆对过往官员、贡使等负责提供马匹和交通工具，当马匹不够用时，可从其他地方调拨。正统六年（1441年）五月，从西藏来京的国师、禅师、喇嘛等一行344人，占用馆夫200余人，以致国外使臣到馆无人接待，在这种情况下不得不雇用市民代替。

2. 水马驿

水马驿是京外的驿站，通常在交通干线和通衢大道处设置，主要分马驿和水驿两种，也有水陆合设的水马驿。它们的主要职责是"递送使客，飞报军情"。

洪武元年（1368年）规定，60里或80里设置一驿。"凡马驿设置马驴不等，如冲要去处或设马八十匹、六十匹、三十匹。其余虽非冲要，亦系经行道路，或设马二十匹、十匹、五匹"。区别驿站大小的主要标志是该驿站马匹数量的多少，其设备、人夫、经费等定额都是由马匹数量决定的。"水驿设船不等，如使客通行正路，或设船二十只、十五只、十只。其分行偏路亦设船七只、五只，大率每船设水夫十名"（《洪武实录》卷25）。由此我们不难看出，明代水马驿的规模同元代时相比已大为逊色了。

明代地方行政组织，有繁、简、冲、僻的区别，因而驿站的规模也不尽一致。洪武十四年（1381年）定地方繁简则例，凡"府"以田粮15万石以上，"州"7万石以上，"县"3万石以上，或系王府、都司、布政使司、按察司所在地，并有军马守御，路当驿道，或边防重地，供给之处，俱为"事繁"；若田粮不足上述标准，或僻静地方，俱为"事简"（《洪武实录》卷139）。上述标准也是设置驿站和确定驿站规模大小的基本标准。

交通与通信是水马驿的主要功能。众所周知，交通是通信赖以实现的基本条件，通信则是交通的主要职能和作用，二者相辅相成，缺一不可。明人说："国家统一寰宇，遐陬僻壤，罔不置驿"（嘉靖《青州志》）。"朝廷"（中央）是腹心和元气，藩镇、方域、郡县和百官是"四肢"、"五官"，"邮驿"则运行其间，沟通腹心与四肢的联系，起着"经络"的作用。因此，"所系最重"。一旦邮驿不通，则腹心与肢体"不相维系，而生理几乎绝矣！"（嘉靖《池州府志》）。更有人把邮驿比作"国脉"，"今之驿传……犹血脉然，宣上达下，不可一日缓者"（胡缵宗《愿学编》），"驿递天下之血脉也，血脉不容一日稍郁,邮传之设不可废也","血脉之关通必赖邮传之,递送也"。

"常事人递,重事给驿"是明代官方公文传递的基本原则,与元代的通信制度基本上相似,但又有一些区别。

(1) 顺赍公文。为了提高公文传递速度,嘉靖十八年(1539年)规定,在京各衙门常行公文照旧例送交兵部,给发各公差人员顺赍(回程顺路捎带)。各地公差人员凑足20件公文,就可持勘合乘驿出发。若公文一时数量少,不便久候,可以看情形随时出发。至于紧急公文则随到随发,不受此限(《明会典》)。

这样的规定也适合地方上使用。明制,严禁"泛滥差人递送公文"。但各地衙门"有一事而差二三人者,有共一城而差三四人者"。为了达到节省人力马力的目的,明政府多次强调,要各地衙门将公文汇总,派遣专人驰驿赴京传送。

(2) 专用递马,传送公文。这与后来各专业部门自设的通信组织相雷同。如明末的漕运衙门,在漕河沿岸地方每60里置一递马,专门传送往来河漕的紧急公文,逐程接力,每日限行300里,并有严格的交接制度。这样一来,既可提高传递效率,又可以使驿站的负担有所减轻,同时还可克服邮传延误公文的弊病。

(3) 驿站直接传送公文。明代驿站通常情况下只负责提供交通工具,一般不直接传送公文,但个别地区有所例外。明代辽东地区未设州县,只有卫所(军事组织)建制,驿站由卫所直接管理,派兵卒充当驿夫。驿站除了招待过往官员、运送官物、押送犯人之外,还要传送官方文书。加上辽东地区没有建立急递铺组织,因此兵卒不仅负责一般文书的传送,而且还要负责紧急公文的传送。

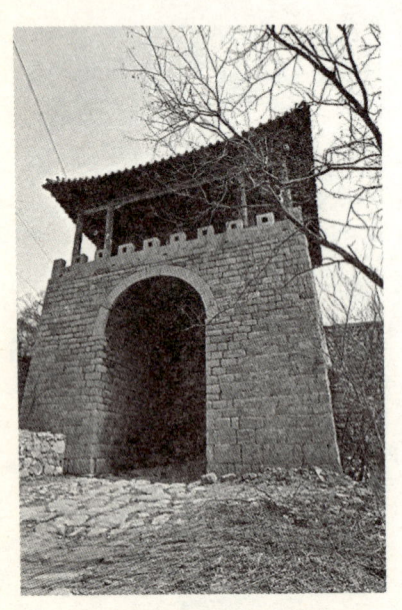

河北井陉县秦皇古驿道

(4) 精简文报,节省邮传。嘉靖时人李承勋,针对明后期公文泛滥的情况做了一次估算:辽东所属二十五卫,每年造册上报的公文,为数甚多。缴吏部三件,户部十五件,礼部二件,兵部九件,工部四件。每造文一本,需复制六七本,分别上报卫、都司、府、部等等,虽是旧规,其实无益。边防纸张难得,能书者甚少,远路买纸,高价雇人,差人传送,摧迫驿递,影响邮传,连

第六章 明清时期的邮驿

锁反应，恶性循环。他针对当时的种种弊端，大胆提出"省繁文以杜科扰"来减轻驿递负担的主张。

3. 递运所

递运所是明初开始设置的，专司运送军需物资及贡物。它是与水马驿性质不同的物资运输系统。递运所分水路和陆路两种，设于全国较大的水陆码头或交通枢纽。洪武二十四年（1391年），令各省及直隶府州所属递运所兼运逃军、囚徒及补役军士，每所设防夫二三十名。到了明代后期，各衙门多派短解押送囚徒，又令各处将防夫裁撤。

车、船、牛、骡是当时递运所的主要交通工具。洪武元年规定，水路递运所的船全部用红油刷饰，也称"红船"。船只的大小不一，定员也不同，六百料者每船水夫13人，五百料者12人，四百料者11人。每船置牌一面，开写本船字号、料数及水夫姓名等，以便官员检查。陆路递运所，如大车一辆，载米15石者，车夫3人，牛3头，布袋10条；小车1辆，载米3石者，车夫1人，牛1头。

明代的递运所是在很长一段时期内根据需要陆续建立起来的，如良乡、大兴递运所，是永乐七年（1409年）设置的。有的时间比这还要更晚一些。明代递运所的设置与分布是不普遍的，不均衡的。递运所作为运输网路，在一开始设置时就是极不完善的，隆庆、万历时大批裁撤，以后逐渐没落。如弘治十年（1497年），全国有递运所324处，到万历年间只剩下139处。在广大没有递运所的地区，运送物资的任务是由驿站担负的。驿站与递运所分工不同，但是有着极为密切的联系。以辽东为例，各处水马驿站皆与递运所相邻，人力基本相等，对相距较远的驿站与递运所后来也调整到相近的地方。如正德六年（1511年）十一月，移通州递运所于潞河水马驿旁，以缩短距离，便于使客联系。

明代初年，鉴于元代驿站与运输合设、互相干扰、影响邮驿的教训，成立了专门运输机构——递运所，力图使驿、递、铺三个组织相对独立，各司其事，在邮驿的社会分工上向前跨越了一步。但是由于当时种种条件的限制，一直没有能够得以健全起来。

龙场九驿

朱元璋在1368年建立了明朝，在他称帝的第22天就下令整顿和恢复全国的驿站。第二年,他又颁诏,把元朝的"站"一律改称为"驿",把全国230多处不雅的驿名改得更为清新雅致。与此同时,朱元璋还大力从事边疆地区的邮驿设施的建设。

在明朝边疆邮驿的发展历程之中,有一个十分有名的关于奢香夫人的故事。

奢香是一位深明大义、智勇双全的贵州彝族的女首领,她的事迹曾被拍成多部电影或者电视剧。明太祖朱元璋时期,贵州土司霭翠接受明朝的领导。10年后霭翠去世,他的妻子奢香继续掌管彝族部落。明政府派去的都督马烨骄奢淫逸,蛮横无理,有意侮辱奢香,还肆意凌辱和压迫彝族人民。奢香的部下难以忍受其侮辱,各个义愤填膺,纷纷劝她起兵反抗。奢香却忍辱负重,让她的知心朋友——另一个彝族首领刘氏夫人奔赴京师,向朱元璋报告了马烨的罪行。朱元璋把奢香召进京师,对她说:"我可以给你们除掉作威作福的马烨,但你们准备用什么来报效朝廷呢?"奢香回答说:"愿率领子女,世世代代不叛明朝。"朱元璋说:"这是你们理所应当的,不能算做报答。除此之外还有什么打算呢?"奢香又回答说:"从贵州往东北有一条小路可通四川,现已梗塞不通,我愿出钱出人,开山辟岭,修成驿道,以此来报答皇上的恩典。"朱元璋听后龙颜大悦,立即把马烨捉拿至京,依罪处斩。奢香回贵州后立即组织人力,开始修路。一共修了560多里山路,建立了九驿。因为第一站在贵阳西北万山丛中的龙场,因此总称为"龙场九驿"。从此之后,从明政府的腹地,可以由宽敞的驿道直达云贵边疆,沟通了中原和西南地区的经济文化联系。这成为我国民族团结史上的一段佳话,也是我国邮驿发展史上的一件重大事情。明朝人吴国纶有《奢香驿诗》专门歌颂奢香夫人说:"我闻水西奢香氏,奉诏曾谒高皇宫。承恩一诺九驿通,凿山穿木开蒙茸。至今承平二百载,牂牁僰道犹同风。"蒙茸是崇山峻岭的意思,牂牁、僰道都是云贵地区的地名,说明这些地区的经济文化也与中原民风大体上相近了。

"奢香九驿"的奢香夫人塑像

除西南云贵地区外,朱元璋在东北、北部和西北边疆地区都开辟了驿道,设置了驿站。这样一来,使中央和边疆地区的联系大大加强了。明初,在东起鸭

第六章 明清时期的邮驿

绿江、西至嘉峪关先后设置了9个军事重镇,号称"九边了"。沿边8000多里地方,都设置了驿所,以有利于消息互通。朱元璋的儿子朱棣(明成祖)在位时期,又在黑龙江和乌苏里江流域设置了奴尔干都司,建立了45处驿站,有效地管理了这一地区的行政事务。

明朝为了达到加强对东北边疆统治的目的,在辽东地区广设驿站。以辽阳为中心,辐射有四条驿道干线:一条南行至旅顺口,途设12个站;一条西南行到山海关,途有17个驿站;一条北往开原,计5站;另一条东南行抵九连城,共7站。在各驿站俱设驿兵、轿夫、船车、马驴等。在辽东都司管辖下,明政府还设有"夷人馆"、"朝鲜馆",专门负责对少数民族驿务进行管理。

明朝在西藏地区加强了驿道建设。西藏在元朝时仍称吐蕃,元政府早就在那里设置了驿站,据《经世大典》记载,元时藏区共设大驿站28处,小站也约七八处。那时西藏地区的宗教领袖和地方官员经常持玺书、驿券和官员文牒在驿道上来往,有时"遣使驰驿不下百余匹"(《永乐大典》卷19420)。明朝时西藏称乌斯藏,为加强汉藏地区的联系,明政府多次下令恢复、修建西藏通内地的驿路和驿站。成祖永乐五年(1407年),明政府曾命令藏区的阐化王、护教王、赞普王和国师率川藏诸族合力恢复驿站,开辟了雅州乌斯藏的驿路。这是一条继甘藏驿路后又一条从内地到乌斯藏的新驿路。这条驿路的交通十分便利,沿途衣食供给十分丰厚,既保证了明政府对乌斯藏地区诏书、旨令、文书的畅达,也有利于西藏对内地的经济文化交流。

明朝在东南海疆也设立了对外经济往来的驿所。明成祖永乐年间(1403—1424年),在广东设怀远驿,福建设来远驿,浙江设安远驿,专门负责接待外国使臣和商人。

非军国重事不许给驿

朱元璋鉴于元朝驿站混乱的教训,一开始就用严法对某些特权者进行了限制。他明确规定:"非军国重事不许给驿。"(《昭代王章》)这句话的意思是:不是国家与军事大事,一律不许滥用驿马或动用驿站的邮递设施。1393年,朱元璋颁布了《应合给驿条例》,规定加上附加条件共12条,对符合用驿马驿船条件的人员进行了限定,其他人一律不得"擅自乘驿传船马",违者重罚。

　　即使有如此严格的规定，却依然有人置若罔闻，不屑一顾。这些人一般都自以为有坚实的靠山，不把政府的法规放在眼里。有的人无理鞭打驿夫，也有人不持驿牌强行驰驿，多索车马。有一个曾经是开国功臣封为吉安侯爵的陆仲亨，从陕西返京，就不顾王法，擅乘驿传。朱元璋为此十分愤怒，斥责陆仲亨说：中原历经战患，人民刚刚过上安定生活，驿户好不容易买上马，生活还十分艰苦。都像你这样任意胡来，百姓即使卖儿卖女，也不能满足奢望的啊！陆仲亨后来因谋叛罪被杀。

　　朱元璋还以违反驿规罪重罚了两个女婿。一个是驸马郭镇。他从辽东出差回来，违章私带了三杠榛子，沿途擅用驿夫运送。朱元璋得知事情的真相之后，立命郭镇如数补上私用驿夫的报酬银两，并同时敕命在山海关沿线各关驿站，张贴榜文，规定以后再不许有利用官驿私带货物的现象发生，不然一律治罪。另一个是驸马都尉欧阳伦。他多次违禁利用驿递走私茶叶，其家奴尤其残暴，强迫驿站车辆为其运货，还对执法人员随意侮辱大骂。朱元璋知道了这件事后把欧阳伦赐死，他的家奴一并处以死刑。

　　这几件事对整治驿站起到了十分重要的作用。从此，明朝邮驿秩序井井有条。"驿递清乐，而里甲不扰"（顾祖禹《天下郡国利病书》卷六十一）。邮驿发展了，国家财政年年有余。

张居正的驿制改革

　　张居正是明朝中后期十分杰出的改革家。他对赋税、吏治等方面的改革，对我国封建社会的后期历史有着相当深远的影响。在驿制方面，他也进行了一系列改革。

　　明朝自正德、嘉靖以后，政治日益腐败，邮驿制度也产生出许多弊端。最高统治层利用邮驿，大肆挥霍。正德年间，发生了多起太监到各地驿站勒索驿银、捆打驿官的事件。司礼太监刘允借奉命去西藏迎接活佛之机，在沿途水驿大肆挥霍。在成都驿，日支驿粮百石，蔬菜银100两；在这里置备入藏物料，竟用银高达13万两。正德皇帝下江南游耍，在此期间的花费更是十分惊人。他命令沿途驿站准备美女，以备皇帝来时随时寻欢作乐。这一次仅水路驿站所用人夫即达数十万，严重地骚扰了人民的生活，妨碍了正常农业生产。驿站承受不了这样沉重的负担，许多驿官都长期流亡在外，驿务多废。

在这种情况下，明朝一些官吏主张对邮驿进行改革。先后主张改革驿务者有著名清官海瑞、吏部尚书吴鹏和张居正，其中以张居正的驿传改革成效最大。张居正的改革，是我国邮驿史上的一件大事。

张居正是明朝万历年间的宰相，他的邮驿改革从限制官员的驰驿特权入手，提出了六条对官员的限制。比如，规定非公务任何官员不得侵扰邮驿；过往驿站的官员只许按国家规定的级别供应食宿，不许越格提出奢侈的要求；除邮驿供应外，任何官员不许擅派普通民户服役；还规定政府官员凡非公务而是到离任或请事假等旅途费用，一律不得由驿站负担，不得动用驿递的交通工具，等等。这些改革，一方面使邮驿的经费开支大大降低；另一方面，人民的负担也得以很大程度地减轻。据统计，经过整顿后，全国共省减邮驿经费1/3左右。

在改革的过程之中，张居正对自己和自己的家里人都严格要求，从自己做起，从身边的小事情做起。他的儿子回原籍参加科举考试，不用官府邮驿，而是出钱自己雇车。张居正的父亲过生日，他也不动用驿车驿马，而是让仆人背着行李，自己骑毛驴回乡祝寿。张居正对那些违反条例的官员，毫不留情。有一个甘肃巡抚的儿子擅自驰驿，被他革去官职。这一处分使得朝野上下一片哗然，许多官员不敢再为非作歹了。张居正的改革取得了十分良好的效果，"小民欢呼歌诵"。但是，明朝政府已经腐朽得不可救药，仅仅依靠张居正的力量不可能从根本上解决问题。在他死后，生前的一些改革措施就全被废除了，明代邮驿又一次陷入混乱状态中。

知识链接

古今信息传递大比拼

古人传递信息的方法：

1. 鸡毛信：一般用于民间。2. 飞鸽传书：用候鸟，特别是鸽子、大雁

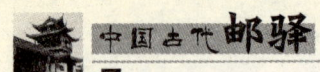

等作传输工具。3. 快马传书：由驿差乘马传递书信的通信方式。4. 传竹筒：官家、民间都用，类似现在的信封。5. 急脚递：跑步传递，用于传递紧急军事情报之用，俗称"传金牌"。6. 烽火、狼烟等不同的朝代有不同的传递方式。7. 以特殊声音，如钟声、鼓声、鞭炮声等传递信息。8. 作内馅的方式，如藏在鱼肚、饼类、包子、漂流瓶等。

现代人传递信息的方法：

1. 有线通讯传输：如电话、传真、电报等。

2. 无线通讯传输：如手机、对讲机、广播、电视等。3. 网络通讯传输：如email邮箱、视频、QQ聊天等。4. 纸张通讯传输：如书信、报纸、书籍等。

古人与现代人传递信息方法的不同。古人传递信息的速度慢、效率低，而且有时还会误事。现代人传递信息的速度快、效率高，而且信息量多，来源很广。

明代邮驿的管理

1. 中央管理

兵部车驾清吏司是明代中央管理邮驿的机关。车驾司为明代兵部所属的四司之一，"掌卤簿、仪仗、禁卫、驿传、厩牧之事"（《明史·职官志》）。设郎中一人，正五品；员外郎一人，从五品，主事二人，正六品。直属机构有会同馆。

车驾司的主要任务是：

（1）管理两京会同馆及全国水马驿、递运所和急递铺。

（2）管理给驿符验（勘合及火牌）。

（3）制定并执行邮驿典章制度，如应付勘合条例、给船条例及拨夫条例等。

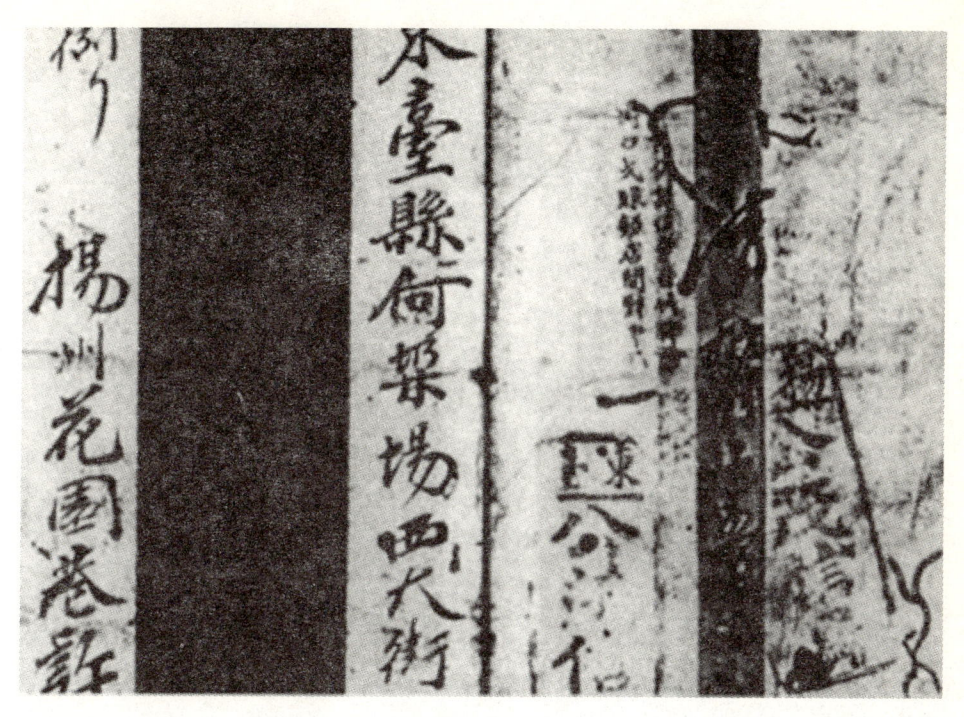

扬州民信局文物

（4）掌管邮驿的开设、关闭和变更。凡新开地方堪设分驿、递运所，或旧设驿所距离较远，往复不便，需要添设，必须派人实地勘察，并将位置、距离及交通情况绘成地图，连同所需马、驴、车、船等数目上报。经批准后，工部负责营造驿所，吏部委派官员，礼部颁发印信，所需丁夫由有关部门派充。

（5）对邮驿行政进行监督检查管理（《明会典》）。

明代车驾司的职责范围，除《明会典》有所记载之外，还可参阅《明南京兵部车驾司职掌》，该书三卷，万历四十三年（1615年）成书，修纂者为南京兵部署郎中主事祁承煠。书中收有崇祯三年（1630年）前的事例，不过都是后来补充的。这部书十分详细地记载了明代后期南京兵部车驾司的具体职掌，共六科三十二目。正如纂修者所述：本司"事务浩繁，巨者如贡舫、马政之出入，细者如竹头木屑之关支。邮符请给不时，丁役告补无定"，"今删其繁词，节其大略，务令简明"，使临事者有所遵循。明代迁都北京后，南京作为陪都，保留了六部建制，冗官闲员，名存实亡，但是车驾司管理的邮驿却依然繁忙。

南京兵部车驾司下设六科。都吏科，掌管马快船只调动，发给船票勘合，按照差拨条例，管理总库及经费收支；递发科，按照给驿条例，应付勘合火牌，掌管前站及三关摆渡；马政科，掌管军马数字，点验马匹，制定营官管马职责，收买马匹，烙印标记，处理老马，并处理违制事例；会同科，掌管南京会同馆马匹征派及馆夫编制；力士科，管理南京各城门、衙门、陵卫等守卫人员；草料科，管理各草料场及经费收支。

除兵部外，通政司是一个与邮驿有着密切关系的机构。洪武初置通政司，"掌受内外章疏，敷奏封驳之事"（《天府广记》）。通政使正三品，左右通政使正四品，左右参议正五品。通政司是承上启下的重要机构，其职责是："出纳帝命，通达下情，关防诸司出入公文，奏报四方臣民实封建言，陈情申诉及军事声息灾异等事"（《诸司职掌》）。通政司"置立出入文簿，令各房令典分掌，凡内外衙门公文到司，必须辨验允当，随即于簿内编号注写，某衙门为某事，公文用日照之记，勘合用验正之记，关防毕，令铺兵于文簿内书名画字递送。若行移不当及违式差错，洗补互相推调等项，事重者入奏区处，常事依照钦定事例。在外贴送当该衙门如律，在京衙门退回改正。将发过公文并差错件数，月终类奏文簿缴进。若各处公文事干灾异入机密重事，随即入奏，送该科给事中收"（同上）。

2. 地方管理

如果从地方上来讲，邮驿受布政使与按察使的双重领导，但大多以按察使为主。据《明史》载，"布政使掌一省之政……参政、参议分守各道，及派管粮储、屯田、清军、驿传、水利、抚民诸事"。实际上，提刑按察使司是地方主管邮驿的部门，"其兵备、提学、抚民、巡海、清军、驿传、水利、屯田、招练、监军，各专事置并分员巡备"，"按察副使佥事分司诸道，提督学道、清军道、驿传道"。十三布政司俱各一员，惟湖南提学二员，浙江、山西、陕西、福建、广西、贵州清军兼驿传。由此不难看出，明代的驿传道是各省地方主管邮驿的长官。其下有各州县的驿丞，"典邮传迎送之事。凡舟车、夫、马、廪粮庖馔、稠帐，视使客之品秩，仆夫之多寡，而谨慎应之。支直于府若州县，而藉其收入"（《明史》）。这样一来，就构成了地方邮驿的专业管理系统。

知府为"掌一府之政，宣风化，平狱讼，均赋役，以教养百姓……若藉帐、军匠、驿递……虽有专管，皆总领而稽覆之"（《明史》）。明代一些边防重镇的驿站，如辽东、宣大、宁夏、甘肃、贵州等地的驿站，都是以都指挥使司及卫所直接管理，这与内地有着显著区别。

第二节
清代邮驿的组织与管理

清代邮驿的组织形式

清代的邮驿，由驿、站、塘、台、所、铺六种组织形式构成，一般情况下统称为邮驿。"凡置邮曰驿、曰站、曰塘、曰台、曰所、曰铺，各量其途之冲僻而置焉"（《光绪会典》卷51）。

1. 驿

"各省腹地所设为驿，盛京所设亦为驿"。传递通信是其主要的任务，除此之外还负责迎送使臣和运送官物。"邮传驰递，关系最为重要"，"驿递关系邮传最为紧要，滥骑滥应例禁甚严"，"设驿站原欲其递报迅速"，"各省驿站原为驰递紧急公文而设，并不许地方官擅行轻动"。由此不难看出，传送紧急公文是驿站的首要任务。

腰驿，很多时候也称为腰站，是在两驿之间设置的"换马处"，用以节省马力，确保紧急公文的传送。腰站是视需要而设的，并不是普遍设立。黄六鸿《设腰站议》中说："于本处适中之地，或赁民房店字有隙地可以牧晾马匹之处，设为腰站。安置槽枥、锅口、草料等项，将本驿原派之马，均匀分拨。只限紧差到来，在腰站换马不换夫，换后即行，不准耽延片刻。"

县递，是"驿传在僻地者，仅供本州县所需，亦曰递马（或里甲马），额不过数匹"（《清史稿》卷141）。

2. 站

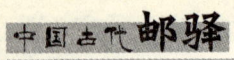

军报所设为站。其常设者自京城北回龙观站起，迤逦而西分两道：一达张家口接阿尔泰军台，以达北路文报；一沿边城逾山西、陕西、甘肃、出嘉峪关接军塘，以达西路文报。每站各拨千把总，外委以司道接送，其夫马钱粮仍归所在厅州县管理。

吉林、黑龙江所设亦曰站，每站设笔帖式管理。

直隶喜峰口、古北口、独石口及山西杀虎口外所设也称站，并衔接蒙古站，以接送该地区六盟四十九旗。其口外各站夫马钱粮，归直隶、山西督抚奏销。

蒙古站每站各设蒙古章京、骁骑校、毕齐克齐、佐领，兵丁以司接递，统于理藩院章京（《光绪会典》卷51）。

知识链接

笔帖式

满语，也作"笔帖黑色"，意为办理文件、文书的人。

清入关前称有学问的人为"巴克什"，天聪五年（1631年）改为"笔帖式"，意为办理文件、文书的人。

清各部院、内行衙署均有设置，主要掌管翻译满汉奏章文书、记录档案文书等事宜。

约在天聪末崇德初，刑部笔帖式已从事汇集整理、登记存档已审结案件的工作，以备随时查考利用；国史院笔帖式要定期将重要的刑部档案记入国史档册。

清入关后，国家制度日臻完善，政务活动急剧增加，文书档案工作也日渐繁杂，清政府遂在各衙门广置笔帖式。笔帖式为国家正式官员，有品级。早年有五、六品者。雍正以后除极少数主事衔笔帖式为六品外，一般为七、八、九品。笔帖式升迁较为容易，速度较快，被称为"八旗出身之路"。

3. 塘

甘肃安西州、新疆哈密厅、镇西厅曾设军塘，以达该地区出入文报。新疆设行省后，裁哈密、镇西查属军塘，安西州仍设军塘。每塘设军塘夫以司接递，并设督司一人督率稽查，夫马钱粮归文员奏销。

4. 台

西北两路所设为台。北路张家口外各台，每台派蒙古章京、骁骑校、兵丁以司接递。在张家口、赛尔乌苏各派理藩章京一人分管，统于阿尔泰军台都统。迤逦而西，达乌里雅苏台城，每台派喀尔喀章京、骁骑校、兵丁以司接递。每隔数台派喀尔喀台吉一人督率稽查。由乌里雅苏台分道而北，达近吉里克卡伦设台，派喀尔喀官兵司递，统于定边左副将军。由乌里雅苏台迤逦而西达科布多。由科布多分道而北达卡伦亦设台，派喀尔喀官兵管理。由科布多分道而南达古城设台，派扎哈泌官兵管理。均统于科布多参赞大臣。由赛尔乌苏迤逦而北达库伦，再北达恰克图亦设台，派喀尔喀官兵管理，皆统于库伦办事大臣。

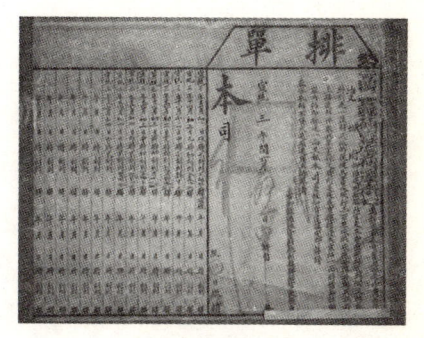

清代排单

以上站、塘、台是适应边疆地区特点（地理、历史沿革、军事等），沟通边疆与内地联系的一种特殊的交通与通信组织形式。它们的共同特点是：由军卒充役，以飞递军事文报为首要任务，同时具有巡逻、侦察、运输等多种职能，大多都是在古驿路或商路的基础上兴建起来的。

5. 所

旧设递运所运递官物，后裁并归驿，只有甘肃一带还有这种形式保留下来，各设牛车专司运输，归所在厅州县管理。

6. 铺

"各省腹地厅州县，皆设铺司"。"由京至各省者，亦曰'京塘'，各以铺长、铺兵走递公文，工食人户部钱粮奏销"。

清代的急递铺与明制大体上一致，但规模庞大，网路纵横，是明代难以与之相比的。

每十五里设铺一所，每铺设铺司一名，铺兵四名。铺兵由递铺附近有丁力、税粮一石以上二石以下的农户中征派，须要少壮正身，并免去杂项差役。

急递铺的主要设备与元、明时相同：十二时日晷牌子一个、红绰屑（门楼）一座并牌额、铺册二本（上司行下一本，各府申上一本），遇夜常明灯烛。铺兵每名备夹板一副，铃攀一副，缨枪一条，油绢三尺，软绢包袱一块，笠帽、蓑衣各一件，红闷棍一条，回册一本。

急递铺专司传送地方和中央的寻常公文，严禁役使铺兵挑送官物及行李，违反者依照法律制裁。

清代邮驿的管理

1. 中央管理

清沿明制，在兵部设车驾清吏司，掌管全国邮驿及马政。车驾清吏司有郎中，宗室一人，满汉各一人员外郎，宗室一人，满二人，蒙古一人；主事，满汉各一人，笔帖式若干人及经承六人（《清史稿》）。

车驾清吏司下设驿传科、脚力科、马政科、马档房、递送科等机构，分办本司事务。

会同馆，管理京师驿传事务，设管理馆所侍郎一人，于兵部侍郎内选派，一年更换一次。另设满汉监督各一人，由兵部堂官于司员内选派，也是一年更换一次。

皇华驿，是京师所在地的驿站，也是全国驿传的总枢纽，设驿马500匹，马夫250名，车150辆，车马150匹，车夫150名。每年的经费由兵部核明数目，移咨户部给领。皇华驿每日拨马以备车驾司、捷报处之差，照勘合火牌填给夫马之数，应付驰驿官役，照火票填注里数，应付笔帖式差官驰报。

捷报处，在大多数情况下设在京师东华门外，设郎中、员外郎、主事、笔帖式，均无定员，由兵部堂官酌委。差官40人，以武举已拣选者充补，掌管驰送文报。由皇华驿或捷报处，驰交通州、良乡、昌平、顺义、固安各驿，接续飞递。捷报处掌接驰奏之折而递于宫门。各省驻京提塘官 16 人，由各督抚将本省武进士及候补候选守备咨部充补。如果没有合适的人选，已拣选之武举亦准保送。各省咨送各部院公文及各部院咨行各省公文，皆由提塘交发。

各省提塘官公设报房，凡钦奉谕旨及题奏等事件，亲赴六科抄录刮刷转发。其各部院奏准议覆应行发抄事件，该衙门将原奏抄录钤盖印交直隶提塘按日刊刻颁发，仍令该提塘将发抄底本及原奏印文按十日汇报兵部存案。若承办衙门并未交发，不得刊发。凡本章有应慎密之事，一定要等到科抄到部十日后方许抄发。如有邸报先于部文者，该督抚将提塘参处。至一应小钞及伪传泄漏等弊，会六科、五城御史严查惩治。

2. 地方管理

清代各省驿传归按察使司按察使管理。按察使"掌一省刑名按劾之事，以振风纪而澄吏治"。按察使每省 1 人，全国共 18 人，很多时候也负责管理全省驿递事务。

省下设若干道，道员是藩（布政使）、臬（按察使）两司的辅佐官，有"守道"与"巡道"之分。清初，有的省设驿传道，有的省设驿传盐法道或粮驿盐道，主管所辖驿站，后来的裁设没有一定的规律。乾隆四十三年谕，"向来各省驿站事务，直隶则系臬司兼管，其余俱系粮盐道兼管。该员等俱驻扎省城，以一人而辖通省邮传，地方辽阔，稽察难周。莫善将各省驿站事务皆令守巡道，按其所属府州县分司其事，而以按察使总其成，不必令粮盐道兼管。如有本系专管驿传并无兼辖他务者，即将员缺裁汰"（《光绪会典事例》卷 18）。光绪时全国守道、巡道共有 92 人（包括奉天驿传道一人）。

驿丞是主管驿站的官吏，未入流。乾隆二十年（1755 年）规定，驿站钱粮均由州县经管，驿站只负责应差矮马，没有另设官员进行管理。具体措施是：在城与离城较近的驿站，由州县兼管，撤销驿丞；离城较远，或离城虽近，但路当冲衢要道，驿务繁忙，州县无力兼管者，仍由驿丞管理；对距本州县较远，但离其他州县较近的驿站，调整隶属关系，划归就近州县管理。

清光绪时，全国仅有 10 个省设驿丞 65 人。

盛京的驿站不隶属于州县，设驿丞管理。又设正副监督二人，为专职稽查人员，由盛京兵部管辖。

驿站的人、财、物管理

清代驿站的人、财、物，包括夫、马、车、船及经费等，均有一定的数目，叫做"额设"，并载入《会典》，成为定例。

1. 驿夫

在驿站服役的差役，统称驿夫，有马夫、驿夫、兽医、驿皂、驿船水手、扛抬夫等，按照具体分工分别从事喂养马匹、递送文书、抬轿、运物等劳役。清制，每两匹马配备驿夫一名。如是通衢大路的驿站，设夫一二百名、七八十名不等，偏僻地方的驿站只有二三十名。总而言之，按地方繁僻及差事繁简配备。驿夫待遇，每名日给工食银二三分以至于七八分不等，在驿站钱粮内开支。据《光绪会典》载，光绪朝全国共有驿夫74859名，以每名每年工食银七两二钱计算，全年约需52万两，约为全年驿站经费的1/5左右。

各地驿夫的名称是多种多样的，如，旱驿有槓夫、轿夫、青夫、白夫、囤养夫、长夫、短夫、走递夫、所夫、募夫、兜夫、堡夫，等等；水驿有水夫、纤夫等。盛京专设驿丁供差，吉林、黑龙江驿站内的领催、壮丁由旗人内派充。甘肃军塘夫子绿营兵内调派。蒙古及北路军台、蒙古喀尔喀、札哈沁昆都兵丁均由各部落派充。驿站夫役均有定额，如不敷应用，则可以雇佣民夫。以百里为一站，每站每名给银一钱，超过或不足十里者，分别增减银一分。

"长夫"与"短夫"相结合。雍正十年（1732年）规定，各地驿站除仍按二马一夫配备外，其余各项夫役按地方情形，分别于定额中裁减二分或四分，将工食银留存。在编的驿夫，叫"长养马夫"。遇有大差经过，先由"长养马夫"应役，不够用则另雇"短夫"，从留存工食银中开支。采用这种措施以后，对减少驿站的开支起了十分重要的作用，但也有很多问题暴露出来：一是农忙季

清代护照

节，无人应雇，只好加银雇募，使开支增大；二是夫役须提前雇募，而差事经常迟误，等待一日，就加大一日开支，劳民伤财，很是不方便。

驿夫的收入微薄，生活极其贫困。清初薛所蕴的《驿卒词》，形象地描绘了驿站马夫的悲惨情景：

间阎困弊乏帮贴，差繁马瘦刍茭绝。
典妻鬻子敢辞苦，惜马无钱动箠楚。
闻道军中驰吉语，一日一夜行千里。
昨年偶尔误一时，县官逮治驿卒死。
五更三点不交睫，头枕驿门候消息。

《续黔书》中的《舆夫谣》，记述了在寒冬腊月、北风呼号、大雪纷飞的夜晚，被抓去充当轿夫的贵州少数民族妇女，背井离乡，含辛茹苦，抬着轿子，在崇山峻岭中艰难前进的情景：

山剑锷，石狼牙，冬晖短，邮路赊。
两髁肿，向前爬，口无食，身无衣。
岂乐此，忘剥肤，破茅屋，蘸也无。
菜面娘，鸠形妇，三岁儿，嗷嗷口。
一思之，心持白，雪载途，风吼地。
岭逾高，防颠坠，寒鞭瘃，那敢泪。
肩苦穿，足苦软，大山坡，兜嶡嶡。
多虎迹，惧不免，腹未果，倦伏眠。
县差来，势破壁，梦模糊，惊怯魄。
出符票，拴至驿。

道光年间，曾任平定州知州的孙子丹，目睹了陕西华州官吏以强盗手段劫夺民车，到驿站服役，在十分愤怒的情形下，作了长诗《拉车当差谣》一首：

拉车复拉车，舆夫气不舒，掀公于道货弃地，将车驱向县中去。有役狞然手执牌，谓是兰州饷使来。朝廷驿递岁支几百万，一鞯两夫驰以马，将车代夫事可行，如何劫夺行李赴邮程？

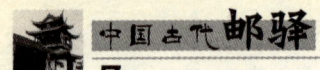

夺车载鞘心徘徊，一言愿告有司良，厂夫工食费谁偿。治盗不能乃为盗，驿卒度支充宦囊。吁嗟呼！役卒度支充宦囊。

秦松龄的《点夫行》，作于康熙三十三年（1694年），深刻揭露了县吏抓民到驿站服役的情景；

夜投龙里县，喧呼闻点夫。三户成一铺，五铺当一隅。远者来百里，近者沿山居，排催保仍押，弟去兄相扶。奔疲面目黑，负背形神枯，水深泥没踝。衣破肩无肤，苦情不敢说，欲语先呜呜……

自此供役苦，从朝抵日晡，或歌采荇什，或征皇华车，或宣扬明诏，或拜爵迁除，动辄计千百，要不有锱铢。今年更太数，十日九长途。山田正插莳，不能把耒锄。夜半打门叫，惊走号妻孥，鸡犬飞上屋，牵走宁须臾。黄尘赤日道，烈火烧洪炉，山高更崎峋，路远还崎岖。又闻昨前站，死者非形癯，大都举家窜……"

康熙朝大学士梁清标写的《挽船行》，是沿河纤夫血泪般的控诉：

宁为官道尘，勿为官道人，尘土践踏有时歇，人民力尽还戕身。长安昨日兵符下，舳舻千里如云屯。官司催夫牵揽去，扶老携儿啼满路……纤夫追提动数千，行旅裹足无人烟，穷搜急比势如火，那知人夫不用用金钱。健儿露刃过虣虎，鞭箠叱咤惊风雨，得钱放去复重催，县官金尽谁为主。穷民袒臂身无粮，挽船数日犹空肠。霜飚烈日任吹炙，皮穿骨折委道旁。前船夫多死，后船夫又续。眼见骨肉离，安能辞楚毒。呼天不敢祈生还，但愿将身葬鱼腹。可怜河畔风凄凄，中夜磷飞新鬼哭。

2. 马、车、船

（1）驿马。除福建、广东、广西没有驿马外，其余各省均设驿马。直隶驿站兼设骡驴，山东、浙江兼设驴，吉林、黑龙江兼设牛，北路军台兼设骆驼。均按地方冲僻及差事多少，各有定数。驿马每年倒毙的数字，一般在1/5—2/5。光绪朝全国驿站供驱使的马、驴、骡、牛等牲畜数，总共53392匹。

（2）驿车。除京师会同馆设车外，直隶、黑龙江、甘肃驿站也设车。其余驿站不设置车辆，必要时可以雇佣民车。以百里为一站，每车每站给银一两，多十里增银一钱，少十里减银一钱。

（3）驿船。水驿设有船只，船只的名称有很多，但各地不同，如江南、湖北有宣楼船、站船；浙江有站船、渡船；广东有座船、楼船、河船、马船、粮船、快船、小船；江西、福建、广西有站船。一般三年小修，六年中修，九年大修，十年拆造。站船每十船编为一甲，每甲立一甲长。如不足十船，五六船也可编为一甲，或附入其他甲内。开船时，挨号衔尾停舶，不许离帮。每船给保甲牌一面，将船丁头舵水手姓名年貌籍贯注明悬挂船首。一甲之内各船互相稽查保结。驿船不敷，准雇民船，每里给银三分。应雇纤夫的，以百里为一站，每名给银一钱与船户雇用。

3. 驿站经费

清代财政制度，有赋有役。役有均徭，有支驿。"支驿"为编征的驿站银两。清初驿站一度实行民支（差徭制），后来又改为官支（募用制），驿站经费随地粮税征收。各省设驿道库，为驿站经费的专库，由按察司（臬司）管理。

驿站费用开销的项目有工料银、牛马价、廪粮、船价、雇价、修理费、租赁驿舍费、药饵费、什支银，等等；初期，各州县驿站经费在当地征收地税银两内自行留支，如遇粮税减免缓征，以及有驿无征和数额不足的州县，从藩库地丁银内拨给。乾隆五十一年（1786年），为了达到防止地方挪用侵占的目的，禁止自行留支，一律上解到省，由臬司按季领存给发。嘉庆四年（1799年），江苏布政使荆道乾上疏，驿传银领于臬司，或遭苛驳，或案牍刁难，借故索取馈赠，邮政日废弛。请恢复旧章于州县征收地粮税银时留支，以省解领之繁。嘉庆五年，经仁宗批准，又准州县将驿站夫马工料等款全数留支，余款上缴。征额不足，准于地丁银内扣支。

知识链接

古代道路通行证

战国时期，驿途上也用过一种称为"封传"的证件。据《史记》载，

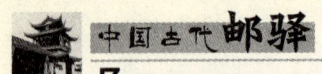

> 孟尝君从秦国被释放回齐国时，秦昭王后悔了，想派人把他追回来。但孟尝君已经乘快车逃跑了。他更换了"封传"，变换姓名，夜半混出了函谷关。秦昭王命快速邮车迅速追赶，也没有追回。唐朝学者考证，这种封传，就是后来的驿券，一种在驿道上行驶的证明。上述故事，就是孟尝君利用门下食客鸡鸣狗盗之徒伪装鸡叫赚开关门的典故。秦国通过关卡的通行符证制度很严，据说，此制为商鞅所定，而后来，商鞅自己因被陷害要逃离秦国时，在一客店里却因无证件而被扣留，终于被秦军所获。

　　驿银奏销册，每省造一省总册，每府造一府总册，以节年存剩为"旧管"，以额设实征为"新收"，以夫马车船各项工料及廪给、杂支、雇募价值为"开除"，以本年支用存剩为"实在"。统于次年五月，由督抚核明具题，造册分报部科核查。

　　驿站经费在清政府财政支出中占有很大比重。顺治三年（1646年），清政府户部以明万历时旧籍为准，着手编纂《赋役全书》，当时核定全国驿站经费每年为3429030442两，数目极其可观。康熙初年，驿费岁额银307781352两，较顺治时减少约1/10。

　　康熙十二年（1673年），三藩叛乱，军费增多，驿站经费严重不足。这时安徽巡抚靳辅上《减差节省驿站钱粮疏》，疏中揭露了当时"大差"骚扰驿站的情形：

　　"近据冲驿州县各官纷纷赴皖，向臣面诉大差横索支应难堪之苦。臣即诘其何不当时据实通报，以凭题参，乃于事后口说，有何益处。据各官复称，大差之来，其暴如虎，其速如电，卑职等亲自驰迎，竭力供应，尚且无端辱詈，动以违误军务报部正法为辞，百般刁掯。彼时在顷刻不容转身，职等何暇具文，况多骑横索之事，皆系伊等私情，并无档案凭据留与职等，若一经申报，势必随奉院台严驳。即或悯念驿困，据详上闻，在大部亦未必据一面之词，即将伊等处分，势必彼此俱行驳查。一经驳查，伊等惟有混赖，岂有自吐真情。是呈报题参，徒多一见事务，徒见职等不善供应，故唯有剜肉补疮，吞声饮泣等语。臣復诘云，马匹在尔等厩内，钱粮在尔等库中，尔等执法不与，彼何能强取而去。揆此则明系尔等违例滥给，于人何尤。又据各官复称，职等岂有甘心滥给，但伊等所奉之差，何等重大，如与彼争，势必稽延时日。是伊等未受驿扰之处分，而职等先于迟误军机之死罪。职等虽至愚，岂不图保功名性命。总之，近日骚扰之差，比比皆然。差愈急则勒索愈多，差愈大则声势愈横。职等如欲申报，则不胜其报，院台如欲题参，亦不胜其参，且伊等虽万分骚扰，而毫无实据……"

靳辅建议，要从裁减勘合火牌入手，减少驿差，节省开支纾减驿困。应该发给10张勘合火牌的只给4张，一律减少2/5。以安徽为例，每年驿费26万余两，按裁减2/5计算，每年可节省10万两。照着这种情况推算下去，全国可节省近百万两。康熙十分赞赏靳辅的建议，下令从康熙十五年（1676年）起，各省一律裁减驿银2/5，用以充作军饷，总计每年裁减驿费94万两。后来这项裁驿措施一直实行了5年。康熙二十年（1681年），平定三藩，统一西南各省，清政府财政好转，准从已裁减的四分驿银中恢复二分，其余二分（1/5）仍在被裁之列。以后各朝的驿站经费虽时有增减，但是，一般均保持在每年220万两左右。

第三节 清代邮驿的发展与衰落

清代"邮"、"驿"的合并

李自成起义军于1644年推翻了明朝的统治。后来，清兵入关建立了清王朝。清代邮驿制度经历了十分重大的改革，其显著特点是"邮"与"驿"的合并。

清朝以前，虽说在某些文书上常常"邮驿"合称，但实际上邮和驿是两种职能不同的组织机构。自汉唐以来，一直是"邮"负责传递公文，是一种通信组织，也称为"递"，或称为"传"；而"驿"，是只负责提供各种交通和通信工具，而兼有招待所的性质。二者互为补充，但毕竟是两套不同的组织系统。清朝时，这两种组织被融为一体。驿站从间接地为通信使者服务，而变成直接办理通信事务的机构。如此一来，通信系统比先前简化了，工作效率得以大大提高。

清朝驿务的管理，归于中央兵部，专设一车驾司，任命官员七人，主要负责全国驿道驿站的管理。同时，又在皇宫东华门附近设置专门机构，由满汉两大臣会同管理京师和各地驿务联系。下有马馆，专管驿夫驿马；又设捷报处，收发来往公文和军事情报。

清朝的驿站比明朝时更为普遍，特别是在一些边远的县级地区，新设了"县递"。这种邮递在县间通信，弥补了干线驿站的不足。县递不是十分正规的驿站，但备有号为"递马"的通信马匹，起着驿站的作用。因为有县递的补充，使得清朝的全国邮驿事业比前朝更为发展了。到光绪时，仅山东一个省，就有包括县递在内的正规和非正规的大小驿站139处。

雍正朝建立了军机处以后，清朝邮驿事业更是以前所未有的速度向前发展。军机处可以直接向下发放皇帝的上谕或诏令。有时候，这些上谕甚至可以不经外廷内阁处理，便由军机处直接交给兵部的捷报处发给驿站向下驰递。这些重要文书上面常常书有"马上飞递"的字样，表明其为急递文书。有的要求时限更紧，便直接写上"六百里加紧"，甚至有要求"飞折八百里驿递"者，即要求以每日600里、800里的速度抵达。这样的方式，既保密，又高

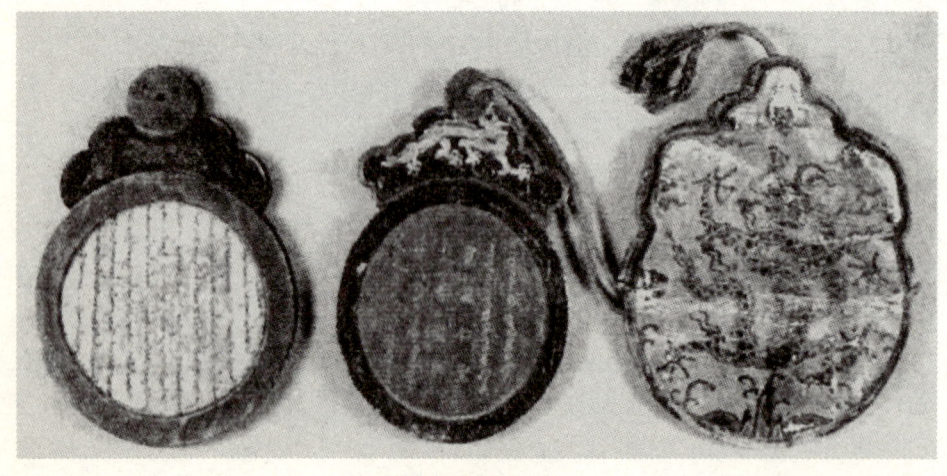

清代　满文信牌

效，是邮驿又向前发展的最佳体现。

清朝前期的皇帝，一般都是奋发图强、励精图治的。他们对边疆战事的发展极为关心，也十分关注邮驿的效能。有时候，皇帝经常会为了等驿报而彻夜难眠。清代史学家赵翼在《平定准噶尔附论》中，曾叙述到乾隆勤政的情景，说他每夜都要等前方的军报，不管什么时候来，都命周围的人立刻叫醒他。当通知的有关大臣奉旨来到时，他早已看完公文，准备拟诏指示了。有时为了拟写一份递往前方的公文诏令，前后工作通常要长达几个小时。若前方有一两天不来军报，乾隆就坐立不安，辗转难眠。从北京到准噶尔前线，不啻万里之遥，来往文书需要一月有余，乾隆常常要预见到数月以后的形势，作出决定。

由此我们可以想像，假若那时没有发达的邮驿设施，清朝皇帝们若要及时了解前方军情，进行适时的决断，对前方战局实行有效的遥控，几乎是不可能的。

清朝边疆邮驿的开辟

清朝时，我国多民族统一的国家得到进一步发展。清政府在东北、北部、西北和西南边疆地区，开辟了许多新的驿道，新设了若干邮驿机构。这些机构，随地区的不同而名称也不同，大部分称"驿"，军用称"站"，新疆、甘肃地区称为"塘"，北方蒙古地区称为"台"，甘肃一部分地区又称为"所"等。清朝统治者根据边疆各地的不同情况，继承以往各代边驿的优点，在全国建成了稠密的通信邮驿网。清朝人钟奇评价称："我朝边围驿站之政，到高宗而集其大成。"高宗就是乾隆。这句话的意思就是说乾隆时，我国的邮驿事业达到了古代的高峰。

在那一时期，东北地区邮驿发展得最快。此地是清朝统治民族满族的发源地，又是对付沙俄侵略的前哨。清朝历代帝王都特别对当地的邮驿建设十分重视。康熙帝曾说："此乃创立驿站之地，关系重要。"他在位时，在黑龙江省共设驿站20个，雍正时又增设10站。黑龙江通往北京的直达驿道共有五条，各以齐齐哈尔、瑷珲、珠克特依草地为起点，都长达3000里左右。从齐齐哈尔直通京师的驿道，俗称"大站路"，又称"御道"，是专门用作为皇帝进贡的道路，也是官府奉公驰驿专用的道路。雅克萨之战后，清军在黑龙江留下了一条用作运输军需的大驿道。光绪年间，重新开辟成去漠河采办金矿的大路，这就是历史上十分有名的"黄金之路"。清朝官吏李金镛顺着这条

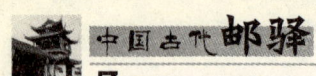

古驿道，亲自勘察路基，冒着刺骨的寒风，穿山越岭，跨沟攀崖，终于使这条驿道得以开拓，开发了漠河金矿。清朝康熙时这条路上原有驿站25个，李金镛时又增至33个，后来达到36处。至今这些站的地名尚在当地遗存。

沈阳是清朝的故都，后称盛京。盛京将军属下所设驿道，以盛京为中心，西至山海关共有驿站13个，东至兴京（在今辽宁新宾西）有4站，南至朝鲜有7站，东北至宁古塔有3站。总计全境驿站29处。吉林将军属下也有驿站若干。在这样的情况之下，东北地区形成了一个四通八达的交通网。

因为情况特殊，清朝时东北邮驿归属是和其他地区不同的。各省驿站归厅、州、县管理，而盛京地区则由驿丞统管，下设正、副监督二员，统于盛京兵部。

青海地区在清朝统治时期，邮驿也有了很大程度的发展。到乾隆时，已建成五条主要驿道，全青海共有驿站24个，递运所3个，驿夫所夫共480余名，驿马592匹。

康熙、乾隆两朝在新疆地区也设置有邮驿机构。一开始，为了平定准噶尔战争中的军粮运输，康熙在嘉峪关到哈密沿线设立了12个驿台，以后逐渐向西推进。到乾隆时，共有驿台125处。此外，尚有一部分邮驿机构称为"营塘"。从巴里坤到乌鲁木齐，乌鲁木齐到阿克苏，阿克苏到乌什，从叶尔羌到和田，从精河至哈密，总计驿台和营塘达到285个，由总管新疆的伊犁将军总稽查。

清朝在西藏的邮驿机构称做"塘"，全藏共有近70个，塘马共有300多匹。

清朝在西南边疆地区，不遗余力地发展邮驿事业。到乾隆时，贵州境内驿站达到23个，主要为递送政府公文及运输军粮。此后，驿道经过一系列改进，客观上促进了商旅的交往。雍正时还在贵州开辟了许多山区驿道，如从黄丝驿至杨老驿，原来道路崎岖，十分难行，后来改道而行，既道途"坦易"，又"无岚障之虞"，大大方便了行人（《小方壶舆地丛钞》）。在这样的历史背景之下，清朝凭借着这一邮驿系统，可以及时得到各地的信息，对各边疆地区进行有效控制。

清代邮驿的弊端

关于清代邮驿的弊端，《清史稿》概括为四句话："越数诛求，横索滋扰，蠹国病民，势所必至。"

第六章 明清时期的邮驿

上述邮驿弊端主要表现在：违反驿规，肆意搜刮，横征暴欲，像蠹虫一样，侵蚀国家，压榨人民。这绝对不是偶然现象，而是封建邮驿制度内在矛盾发展的必然结果。

清人汪玠在《驿递议》一文中，以"三病、二困、一弊"说，具体剖析了邮驿弊端的症结之所在。

"三病"，即病国、病官、病民：

古之驿递也，所以通往来，劳行役，而将王命也，故国与官民交受其利。今则不然，大军之更调日繁，差员之驰驱如织，京官之致餐授馆者络绎而不绝。额银不给，势必请增于大部，岁耗金钱无算，则病在国；大帅、贵僚、悍差、健卒，逞威横索，有司虽竭力以奉之，而怒訶答辱，靡所不加，则病在官；驿中浮费日甚一日，正供不足，不得不出于借支，借支不足，不得不出于金派，船之官僱者则民僱矣，车马之官办者则民办矣，骚扰搜括，膏血为枯，则病在民。夫病国则国为之虚，病官而官为之瘉，至于病民而其害可胜道哉！

"二困"，即困驿、困民。

先说南方水驿："始而僱夫，继而派之里夫，又继而派之排门之夫；始而雇船，继而派之船户，又继而派之里保以觅船"。最后"一差至，而夫为之逃，船为之匿，向所以困南驿者，今且合南省之民而并困之矣"！再看北方马站，"始而官备公车，继而差及车户之车，又继而差及里下之车；始而马养之丞（驿丞），继而马养之令（县令），又继而马养之地方里甲。"结果"一差至，而车为之尽，马为之空，向所以困北驿者，今且合北省之民而并困之矣"！

"一弊"，即用"折乾"（索贿）的手段，达到苛索的目的。

至于折乾之弊，非摊派平民亦必无自而起。何则？过往之差其所望于有司者，大兵不过犒劳之资，刍秣之费，过客不过会宴之需，盍馈之礼；至于夫船车马，不过照数给之而已。虽甚不法差员无可言折，虽甚不肖有司无可用折。惟摊派之平民，则恣意苛索，百计刁难，恶差得肆其诛求，而小民不胜其迫虐。于是起折乾之例，而饱其私慾，而民缓其死。然此风一开，民力愈不能支，差心益难以餍，此国计所以日蠹，而民生所以日瘵也。

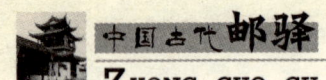

清代的邮驿效率比前代要高效很多，对人民的剥削也比明代较为缓和，而邮驿弊端，也"势所必然"，即使是全盛时期的康熙、雍正、乾隆三朝也毫不例外。

旧式邮驿的衰败

清朝中叶以后，封建社会面临崩溃，旧式邮驿也出现了许多无法弥补的弊端。生活在封建驿政下的驿夫，在极度贫困中忍受着煎熬。康熙时期有一位诗人，描写当时驿夫的悲惨生活时说："奔疲面目黑，负背形神枯。水深泥没踝，衣破肩无肤。苦情不敢说，欲语先呜呜。"被迫抓来当水驿挽船的纤夫的处境更为悲惨，诗人梁清标的《挽船行》描写称："穷民袒臂身无粮，挽船数日犹空肠。霜飚烈日任吹炙，皮穿骨折委道旁。前船夫多死，后船夫又续。眼见骨肉离，安能辞楚毒？呼天不敢祈生还，但愿将身葬鱼腹！可怜河畔风凄凄，中夜磷飞新鬼哭。"

服役条件是如此让人难以承受，驿夫自然没有劳动的积极性，于是纷纷逃走。河北武清县东北有一个河西驿，地处京东水路通衢，一直是各朝漕运的咽喉要塞。清初时期，这里的邮务很发达，有152名役夫，33匹驿马。但到了光绪年间，这里驿务萧条，只剩下役夫30名，驿马24匹。当时有一位兼管驿务的下层官吏，曾写了一部《舸西驿日记》。在他的笔下，河西驿是一个腐败不堪的机构：破烂的房屋，即将倒塌的马棚，老弱待毙的病马，饥寒交迫的驿夫，构成一幅惨不忍睹的凄凉图画。在河西驿上，还有不法的官吏，不断进行勒索，造成文报迟延，通信阻塞，邮务不能正常进行。

这样的驿站，怎么能够承受担负起邮驿通信的重责呢？有识的革新之士早就提出将这种传统驿站予以取消。晚清著名思想家冯桂芬，专门写了一篇《裁驿站议》，深刻揭露了清政府邮驿的流弊，他认为应当下决心取消驿站，改设近代邮政，不仅可以省去国家每年300万两银的开支，而且可借邮政收入数百万之盈余。这样一来，既利于官，又便于民。在很短的时间之内，改良主义思想家王韬、薛福成、郑观应等纷纷撰文，论述旧式邮驿之不便、新式交通通信设备之必须，迫于形势的无奈，清政府于1896年始办新式邮政，渐渐代替了驿站。到辛亥革命后，北洋政府宣布将驿站全部撤销。古老的中国在邮驿制度上经历了一次实质性的大变革，古代邮驿也逐渐退出了历史舞台。

第七章

古代邮驿写真

古代邮驿制度经过几千年的发展，其间经历了诸多变迁，同时也产生了许多有趣的现象，留下了众多令人或喜或悲的故事。

第一节
有趣的古代邮传方式

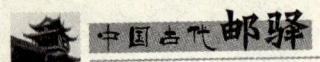

流传千古的鸿雁传书

两汉时，关于通信有着许多流传千古的故事，其中最有名的是"鸿雁传书"的典故。

据载，汉武帝时，汉朝使臣中郎将苏武出使匈奴被辊侯单于扣留，并把他流放到北海（今贝加尔湖）无人区牧羊。19年后，汉昭帝继位，汉匈和好，结为姻亲。汉朝使节来到匈奴，要求放苏武回去，单于不肯，却找不到理由，便谎称苏武已经死去。后来，汉昭帝又派使节到匈奴，在禁卒的帮助下，和苏武一起出使匈奴并被扣留的副使常惠秘密会见了汉使，把苏武的情况告诉了汉使，并献上一计，他让汉使对单于讲："汉朝天子在上林苑打猎时，射到一只大雁，足上系着一封写在帛上的信，上面写着苏武没死，而是

"鸿雁传书"

在一个大泽中。"汉使听后十分高兴，就按照常惠的话来责备单于。单于听后虽然极为吃惊，但是也没有办法，只好放回了苏武。从此，"鸿雁传书"的故事便代代相传，成为历史上的一段佳话。

有关"鸿雁传书"的故事，民间还流传着另一个版本。唐朝薛平贵在外远征，妻子王宝钏苦守寒窑数十年，矢志不移。有一天，王宝钏正在野外挖野菜，忽然听到空中有鸿雁的叫声，这不禁使她想起了阔别多年的丈夫。动情之中，她请求鸿雁传书给远征在外的薛平贵，但是荒郊野地怎么可能有笔墨？在万般无奈之下，她便撕下罗裙，咬破指尖，用血和泪写下了一封思念夫君、盼望夫妻早日团圆的书信，让鸿雁捎去。

以上两则"鸿雁传书"的故事已经流传了千百年，在这样凄美的故事中，"鸿雁传书"也渐渐成了邮政通信的象征。鸿雁，也就成了邮使的美称。

千里牛和驼驿

魏晋南北朝时期，邮驿史上出现了许多新鲜事物。晋朝时，有些地方官员为了尽快和中央取得通讯联系，向中央敬送鲜物，于是便寻到了一种快马速递，称其为"千里牛"。据说从宽州到洛阳间可以实现"旦发暮还"，一日可以来回千里。

驼驿，是指骆驼送信。用骆驼作通信工具的事例，曾经被多次记载，著名的民歌《木兰诗》中就有"愿借明驼千里足，送儿还故乡"之句。魏孝文帝定大姓时，各地豪族惟恐定不上"高门"，便纷纷以急传书信的办法向中央汇报本族的情况，有的大姓派人"星夜乘明驼，倍程至洛"。陇西李民采用的就是这样的方式，还因此被人们戏称为"驼李"。

空中通信

"空中通信"当然不是现在的飞机航空，它是指使用风筝、信鸽等进行通信的方式。

信鸽传书，我们都比较熟悉，至今还有信鸽协会，并经常举办信鸽长距离的飞行比赛。信鸽在长途飞行中不会迷路，是因为它具有一种特殊的功能，即可以通过感受磁力与纬度来辨别方向。

中国古代邮驿
ZHONG GUO GU DAI YOU YI

张九龄的信鸽送书在历史上是最为著名的。张九龄是唐玄宗开元时期的著名宰相,其少年时家中养了一大群鸽子,每与亲朋好友书信往来,他都把书信系在鸽子腿上,指令它飞往固定的地点,以此和亲友互通信息。张九龄还把这些信鸽称为"飞奴"。

据相关文献记载,信鸽传书主要是用于军事通信。公元1128年,南宋大将张浚视察部下曲端的军队。他来到军营后,见空无一人,十分诧异,令曲端把他的部队召集到眼前。曲端立即把自己统率的五个军的花名册递给张浚,请他指出想看哪一军。张浚指着花名册说:"我要在这里看看你的第一军。"曲端不慌不忙地打开笼子放出一只鸽子,在很短的时间内,第一军全体将士全副武装,飞速赶到。张浚对此十分震惊,又说:"我要看你全部的军队。"曲端又放出四只鸽子,很快,其余的四军也火速赶到。面对整齐地集合在眼前的部队,张浚不禁喜出望外,对曲端更是极力夸耀。其实,曲端放出的五只鸽子,都是训练有素的信鸽,它们身上早就绑好了调兵的文书,一旦从笼中放出,就会立即飞到指定地点,把调兵的文书送到相应的部队去。

我们现在娱乐用的风筝,最初是为了军事需要而制作的,当时的主要任务是军事侦察,或是传递信息和军事情报。到了唐代以后,风筝才逐渐成为一种娱乐玩具,并在民间流传开来。

信鸽传书

知识链接

窃符救赵

关于符,战国时期有一个"窃符救赵"的有名故事。说的是战国末年,秦国重兵包围了赵国首都邯郸,赵国平原君写信向魏国信陵君求救,信陵君几次请求他的胞兄魏安釐（xī 西）王出兵，都未得到允许。信陵君依靠魏王宠妃如姬的合作，盗出虎符，夺得兵权，率领八万精兵救了邯郸之围。这一虎符便是当时调兵的凭证。这是战国时期调兵遣将的信物，必须要由通信使者持虎符的一半去和军管将领手中的另一半合符，命令才能生效。

持有符节的使者，在通信过程中拥有特权。如果遇到交通阻塞的情况，他可以优先通过；宣布戒严时期他也可以不受限制破例放行；他还可以迅速地见到君王。但是他们的通信时间，由有关部门给他们规定了期限，必须在什么时候到达何地，都有一定规定。这叫做"皆以道里日时课"，保证了通信的按时到达。

军事上利用风筝的例子，很多史书上都有相关记载。梁朝末年，侯景叛乱，围攻京城，内外消息断绝。这时，京城内有一个小孩向朝廷建议用风筝向外报信。太子萧纲听从了这个意见，于是扎了一个很大的纸鸢风筝，在风筝背面绑上告急书信，写明谁若获得此书求得援军赏银100两，并用几千丈长的绳子放出。但遗憾的是，萧纲放了几次纸鸢，都被侯景派人射下，梁朝最终灭亡。

唐朝的风筝通信，最有名的一次是公元781年张伾的风筝报警。这年，河北节度使田悦反叛朝廷，出兵围困了临洺（今河北永年），临沼唐军守将张伾坚守待援。他为了向周围友军求救，把告急书附在风筝上，高高飘起百余丈。叛军纷纷向风筝射箭，但都没有射中。最后告急信终于到达援军处，内外夹攻，政府军最终取得了胜利。

水电报

"邮筒"这个名词出现于隋唐时期，但它并不是今天我们所见的街道或邮局门前的那种邮筒，而是一种水上邮件运输工具。隋军平陈时，因"水陆阻绝，信使不通"，大将史万岁急中生智，心生一计：把告急信放在竹筒里，让它浮江而下，漂到主帅杨素那里，战况很快就一清二楚了。这种方法一直沿用到唐朝时期。文学家元稹和诗人李白，便几次用过邮筒传书的方式。元稹和白居易、钱徽、李穰四位诗人交往密切，他们分别在杭州、吴兴、吴郡（今苏州）、会稽（今绍兴）四地做官，互相之间的诗书往来都是采用这种方式。李白的诗中也曾提到过"挑竹书筒"。这种通过水上邮筒进行通信往来的故事还被文坛誉为雅事。唐朝诗人贯休在自己的诗里曾称这种邮筒送信方便而又风雅，"尺书裁罢寄邮筒"。由此不难想像，当时的文人对这一送信方式十分热衷。

隋朝末年，还有过类似欧洲史上"瓶邮"的通信方式。隋炀帝大业十一年（615年），隋炀帝到北边巡狩，不料被突厥便围困在雁门。当时信息不通，炀帝万分着急，便命人用木系诏书，放入水中，令其顺汾水而下。诏书被援军接到，一个月后援军抵达，突厥便不得不撤走。后来，清末的四川革命党也曾用这种方法把清政府屠杀民众的消息传播出去，当时被称为"水电报"。

第二节 古代民间通信

中国古代邮驿，历代均为国家官办，只为奴隶主、封建统治阶级服务，民间通信被排斥在外。

中华民族的发展，曾经过若干万年的无阶级的原始公社时期。从原始公社崩溃，社会生活进入阶级社会那个时代开始，经过奴隶社会、封建社会，到现在，已有大约四千年历史。早在原始公社时期，就有了民间通信。从奴隶主、封建统治阶级逐步建立国家机构时起，就逐步建立了专为奴隶主、封建统治阶级使用的官方通信组织，即古代官办邮驿。至于民间通信，始终是非常艰难的。正如唐代诗人杜甫在《春望》诗中所描绘的那样："烽火连三月，家书抵万金"，把在战乱年代偶然得到一封家书，看得比万金还宝贵。一些文人学士通信尚且如此困难，一般民间通信之难更可想而知了。

古代民间通信，在很长时期内并没有形成统一的组织或系统。在万不得已的情况下，只能采取托私人捎带，派专人投送，或通过其他途径，利用多种方式传递信息。到了宋朝才由皇帝颁诏，特准"中外臣僚，许以家书附递"，但只限于官吏，没有老百姓的份儿。明末清初，由于民间工商业的发展，出现了资本主义的萌芽，才由货物运输业、银钱票据运送业捎带送信逐渐演变为民办通信业，出现了专营民间通信的民信局。

先秦时期的民间通信

先秦时期历史，从远古起，包括原始社会、奴隶社会，直到秦始皇于公元前221年统一中国，建立起专制主义的中央集权的封建国家为止。在这漫长的岁月中，民间如何通信，古书《诗经》中有些记载，但还不够确切。在后来秦灭六国的战争时期，却留下了秦军士卒黑夫和惊兄弟二人写给家中的两件木牍家书实物。这两件实物于1976年在湖北云梦秦墓中发掘出土，是目前我国最早的民间通信的历史见证。

1975年冬，我国考古工作者在湖北云梦睡虎地发现了两件稀见的古代通信文物，它们是两千多年前的秦代士卒遗留下的两封木牍家书。两封家书至今仍保存完好，正反面的墨书文字，字迹尚清晰可辨。

家书是秦始皇统一战争时期，两个秦国军人黑夫和惊写给家中的名叫中的同胞兄弟的。两封家书的开头都向中问好，并请他代向母亲请安，然后说到他们在前线的情况，谈到黑夫即将参加淮阳的攻战，"伤未可知"。信的中心内容是向家中要钱和衣服。信的反面还有几句附语，都是向家中各亲友问好之意。

家书是从河南淮阳发出的，如今在湖北云梦出土，说明已到达家中。专家们考证，黑夫和惊不可能把信交由官邮递送。因为秦时官邮只传递官府文件，不许私带书信。这两个身份不高的一般士卒，更是根本不可能利用私邮。因此，这两封家书很可能是军队中服役期满的老乡回家时捎回家中的。这种不正规的私书捎带通信方式，在我国持续了若干年，一直到宋朝，政府才有了"私书附递"的规定，明朝以后才出现民邮组织。可见，古时的民间通信是何等艰难。

惊的家书

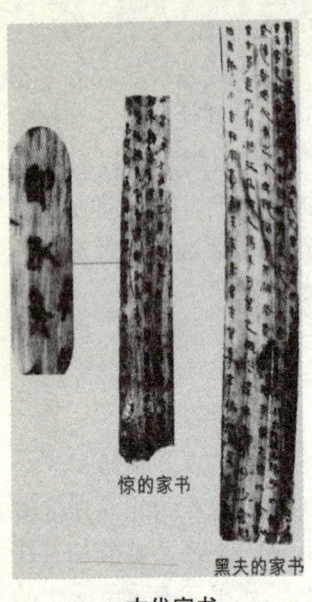

黑夫的家书

古代家书

从这两封家书可以看出，秦汉时书信的写作体例和格式与今天有着较大区别。首先，写信的时间，不写在信尾而写于信头。如黑夫和惊合写的第一封木简书信，正面一开头便是"二月辛巳"，而现在的日期都写在信的最末。其次，书信时间以后立即跟上的不是收信人的称呼，而是写信人向收信人的问安："黑夫、惊敢拜问中（黑夫、惊的兄弟）、母毋恙也！"而我们今天的书信格式则通常把问安放在信末。

另外，从这两封家书中，我们还可以了解到当时的许多社会经济情况：第一，了解到秦朝被征发军人的衣物是家中自备的，服役有一定期限。他们在军中的生活很艰苦，所以黑夫和惊都十分想家。第二，当时秦国战事十分频繁，影响了生产的正常进行。黑夫家的三个兄弟，竟征发了两个上战场，势必导致其家中劳力不足。但从两封家书的叙述中可以看出，当时秦军一般士卒家中的经济还过得去，所以黑夫才有可能向家中要五六百钱。

这两封木牍家书是怎样从河南淮阳传送到湖北云梦的呢？我们分析不可能交由官邮传递。即使黑夫、惊两人在军队中有些身份（如爵位、战功等），在当时私信也是不可能交官邮传送的，亦不可能由私邮传送。战国时虽然曾有私邮的萌芽，但那仅是贵族如信陵君等私有，不对普通人开放。再者，秦灭六国后，对六国的贵族一直强力镇压，在交通方面百般限制，私营的"客舍"也大半废除。因此，这种可能性根本就不存在。派专人传送也不可能，因为如果他们有能力派专差专使，自然不会穷得到夏季也没有单衣可换，一再向家中要钱、要布。惟一的可能性，是通过军队中服役期满的老乡归家时捎带去的。在周代，人民被征调服军役是轮值的。秦朝征调，也是先发闾左，再发闾右，即在一个村庄，先征调村中左半部的人去服军役，期满后再征调村中右半部的人去服军役。《秦律杂抄》规定："冗（应）募归，辞曰日已备，致未来，不如辞，赀日四月居边"。意思是说：应募的军士回乡，声称服役期限已满，但是证明其服役期满的文券未到，这种情况与本人所说不符，罚居边服役四个月。按照周、秦时期征调人民服军役的制度和有关法令来看，黑夫、惊所发的两封木牍家书，通过服役期满的同乡士卒代为捎转，是比较合乎情理的。

从《诗经》民间歌谣中有关通信的记述和这两封木牍家书实物可以看出，先秦时期民间通信的迫切需要和艰难。

两汉魏晋南北朝时期的民间通信

自汉高帝刘邦于公元前206年战败秦军，建立汉朝之时起，中间经过东汉和魏、蜀、吴三国，以及西晋、东晋、十六国、南北朝，到公元581年，隋文帝杨坚才统一中国，建立隋朝。在这段长达795年的历史中，社会动荡，战事频繁。这个时期的通信方式，仍不外托便

湖北巴东秋风亭古代驿站

人带信，或派专人送信，各种手段都用上了，甚至利用信鸽和家犬送信。如《晋书·陆机传》中就有过这样一段记载："初，机有骏犬，名曰黄耳，甚爱之。既而羁寓京师，久无音问，笑语犬曰：'我家绝无书信，汝能赍书取消息不（否）？'犬摇尾作声。机乃为书以竹筒盛之，而系其颈。犬寻路南走，遂至其家，得报还洛。其后因以为常"。为能通达一封家书，含辛茹苦，相当艰难。

托人捎转信函，时间和安全都是没有保证的。如东晋时（317—420年）一个叫殷羡的人，将所带百余封信全部扔掉就是一例。殷羡，字洪乔，当他奉派为豫章（今江西南昌）太守，临走之前，"都下人士因其致书者百余函"。那时东晋京都在建康（今南京南），他走到石头城下（约在今南京下关江边上船处），就把这些信函"皆投之水中"，并且满腹牢骚地说："沉者自沉，浮者自浮，殷洪乔不为致书邮"。后人称这件事为"洪乔之误"（《晋书·殷浩传》，按殷浩之父为殷羡，此事记入《殷浩传》）。殷羡自视"清高"，瞧不起代人传书的"致书邮"，恐怕玷污了自己的尊贵门第，便把亲友托他带送的百余封信函全部投入江中。这说明古代托人带信是不可靠的。至于一般平民百姓，通信就更加困难了。

隋唐宋元时期的民间通信

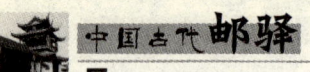

公元581年隋文帝杨坚建立隋朝，隋朝只存在了三十余年。隋炀帝杨广从大业三年（公元607年）起，为了他个人"游幸娱乐"，曾调动"男女百万"、"兵夫十余万"开凿运河，使中国东南一带交通大见昌盛。隋代的旅店业也很发达，据《隋书·李谔传》记述，隋时"邳公苏盛以临道店舍乃求利之徒"，曾奏请皇帝"约遣归农"，"限以时日"停办店舍。但李谔见到这种情况，"以为四民有业，各附所安"，"且行旅之所依托，岂容一朝而废，徒为劳扰，于事非宜"，遂令店舍"依旧"办理。皇帝表示赞赏道："体国之臣当如此矣"。所以，隋代的旅店业相当发达。到了唐代，国内外交通更广为开辟，虽然民间通信仍然十分艰难，但因运河、陆运的开拓以及旅店业的兴办，使得民间通信状况略有改善。

唐代私人旅舍事业很发达。《通典》（卷7）中称："东起宋、汴，西至岐州，夹路列店肆待客。酒馔丰溢……南谐荆、襄北至太原、范阳，西至蜀川、凉府，皆有店肆，以供商旅，远适数千里，不持寸刃"。可见唐时私人旅舍事业之盛。诗人杜牧，京兆万年人，大和二年（828年）为进士，后升刺史。在他外出，居于旅舍时，感到"旅舍无良伴"，在寒灯下思念家乡，想得到一封家书，可是"家书到隔年"，隔了一年才得到一封家信。

知识链接

名垂千古的书信

汉代有两封名垂千古的书信。这两封信感人至深，至今尚可作为激励人们上进的精神食粮。一封是《李陵答苏武书》，是汉武帝时被迫投降匈奴的大将李陵给不屈的苏武的一封回信。当苏武被扣留在匈奴时，汉朝大将李陵在一次战争中失利而被匈奴俘虏。李陵在匈奴与苏武不断有书信往还，苏武曾安慰和勉励过李陵。苏武被释放回汉时，李陵写给他一封充满了感情的信，便是有名的《李陵答苏武书》。信中说道："昔者不遗，远辱还答，慰诲勤勤，有逾骨肉，陵虽不敏，能不慨然？"意思是：从前承蒙不弃，几次通信相答，有不少宽慰勉励的话，实在是情同骨肉。这些对李陵这个不成材的人来说，岂能不感慨万分！信中还表达了这样一种思想："人之相知，贵相知心"，这是人生最可贵的。这封信被收在《古文观止》中，成为历代学子们的范文。还有一封是司马迁的《报任安书》。司马迁因替李陵辩护而被汉武帝处以宫刑，他的朋友任安也因犯罪而即将被判处死刑。司马迁闻听此讯后，给任安写了一封书信，表达了自己不屈的斗志，和著述《史记》的决心。书信中"人固有一死，死或重于泰山，或轻于鸿毛"，成为了有名的格言。

　　这两封信成为千古范文，说明汉朝时期书信这种文字体裁已经相当成熟，也同时说明了当时文人之间书信往来的频繁，已经被当作一种感情抒发的工具。

　　1963—1965年在新疆吐鲁番发掘出土的赵义深家书，是古代民间通信的一份珍贵史料。这封家书拆自纸鞋内，已朽损为两半，残存墨书十五行，宋署"贞观廿年十二月十日义深"（贞观廿年，即公元646年），从洛州（今河南偃师）寄西州（今吐鲁番）。书札系折叠式，背面墨书两行：

"洛州赵义深音达　　　西州付欢相张隆训"

这封家书残文如下：

"阿婆遣九月五日书与义深来，十二月三日得也。闻阿嫂共阿婆一处活在，义深喜不自胜。义深语，故遣张明德、马海道将五系（丝）采布贰丈（中缺）讯阿婆……"。

　　从这封家书可以看出，阿婆致赵义深书是"九月五日"由西州发的，"十二月三日"在洛州收到。西州、洛州相距约六千余华里，三个月收到，平均

玄奘取经图

每日行程六七十华里。这说明,唐朝初年我国西部地区与中原地区往来信递已不像魏晋南北朝时期那样艰难和迟缓。在唐代,不仅是长安与洛阳之间有了民办"驿驴",有了商贾之间的汇兑业务"飞钱",而且根据史料记载,唐玄奘到天竺国(今印度半岛)取经回国后,印度佛教僧人与唐玄奘还不断有书信往来。

唐玄奘(602—664年),原名陈祎,洛州(今河南偃师)人。他于唐太宗贞观元年(公元627年)离开长安西行,最后到了天竺国。到唐贞观十九年(645年)正月二十四日,回到了他阔别十八年的唐都长安,从此进行佛经翻译工作。他写了一本《大唐西域记》,记载了他亲历的一百一十国和传闻的二十八国的情况,是一本世界名著。玄奘回国后,他的天竺国友人十分怀念他。公元652年(唐高宗永徽三年),天竺和尚法长来中国,玄奘的老朋友、那烂陀寺的智光和慧天特意托法长给玄奘捎来书信、著作和礼物,表示亲切的问候。他们在给玄奘的信里写道:送去白布两匹,表示我们并没有忘记你。路程太远,希望不要怪带去的东西太少,还是接受下来吧。如果你需要什么书,我们会抄出来送去的。玄奘请法长给智光、慧天捎去回信,回赠了礼物,并捎去一份他在回国途中丢失需要补抄的书籍单子。在回信中,玄奘感谢天竺朋友们的深情厚谊,对戒贤老师逝世表示深切的悼念,还报告了自己的译经工作进展情况。这说明,唐代民间与国外也有书信来往。

宋元时期,农业、工业、商业、造船业、瓷器业都有所发展。在北宋时期,曾由皇帝诏令,准许中外臣僚将私书交官办驿递附寄,使一般较小官员通信稍得方便。虽然如此,相对于一般百姓来说,路途稍远的通信活动还是十分艰难的。直到清光绪二十二年(1896年),大清邮政总局成立,才正式收寄私人交寄的信件。

第七章 古代邮驿写真

民信局的产生

大约在明末清初,由于产生了资本主义的萌芽,才出现了专营民信业的民信局。

民信局的成立,很可能是由货物运输业、银钱票据输送业,附带兼营民信业,待到民间信件增多,专营民信业有利可图之时,才形成了专业民信局。1896年(清光绪二十二年)大清邮政总局成立后,最早发表过两次民信局按总包交邮局运寄信件数量的统计。按照业务量大小对比,1904年,第一是广州,第二是上海,第三是镇江,第四是汉口,第五是芜湖,宁波居第六位。1905年,第一是上海,第二是广州,第三是镇江,第四是汉口,宁波居第五位。这也可看出宁波曾是全国民信业的中枢。

总之,根据现有史料推断,我国的民间通信业早期起源于唐代长安、洛

清代手递民信局实封一组

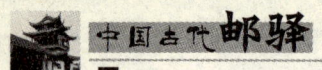

阳间"有同驿骑"的民办"驿驴"。到明永乐年间，出现了专营民间通信业的民信局。但由于明末政治腐败，各地农民大起义，连年战乱，使农业经济一度衰落，民信业也受到了影响。直到清初，在18世纪，民信业又重新兴盛发展起来。鸦片战争前后，中国民信业在组织机构和业务方面都有了相当大的发展，初步解决了中国自古以来民间通信难的问题。但自从英国人赫德谋取了中国邮政大权后，他一面多次声称对民信局"不夺小民之利"，一面暗施诡计，对民信局采取排挤、打击的政策。在排不成、打不垮的情况下，赫德便采取"学会拳脚打师夫"的办法，一面学习采用民信业服务周到的优点，一面与民信局展开业务竞争，甚至联合各国在华"客邮"对民信局进行压迫。同时，民信局也有它自己的缺点，主要是分散、不统一。到清末民初，终将民信局战败。最后，由国民党南京政府下令，勒令残存的民信局于1934年底前一律停止营业。

侨批局的产生

　　海外华侨民信业，因福建方言称信为批，亦称侨批局或批局。主要由于出国华侨思念家乡，为与祖国亲友互通信息或汇寄银钱，起初多托人捎带。久之，才逐渐形成专业的侨批局。

　　侨批局可能在十五世纪的明朝时就已出现。根据现有材料来看，最早的海外华侨民信业组织是清咸丰八年（公元1858年）在广东潮州设立的"德利信局"。1870年经营暹罗（泰国）华侨批信的"致华丰"批局成立。1871年厦门"郑顺荣"批馆成立。1875年设在广州的"鸿雁"信局开业，也是经营华侨信件的。1880年厦门及泉州有"如鸿"信局成立。以后，国内广东、福建各海口和侨乡，以及海外华侨集中的地方，都纷纷成立了侨批局。如1887—1891年间，仅在新加坡一地就有侨批局49家之多。1901年厦门侨批馆也已达30家。

　　1898年，菲律宾水客郭有品在漳州流传乡设立"天一"信局，并分别在马尼拉、新加坡、暹罗、缅甸、厦门设立收汇和承转局。这是福建最早的专营侨汇业机构。

　　厦门"新顺和"、"晋利"，"连春"、"三春"，"捷顺安"等信局，都是由"侨栈"发展而来的。所谓"侨栈"实即为一种贩卖人口的组织，即俗称

"猪仔贩"的别名。朱杰勤在《十九世纪中期在印度尼西亚的契约华工》一文中说："南洋各地的种植园及矿场主把需要的契约劳工人数及条件，交托汕头、厦门、澳门、香港及上海的洋行代为招买……再由洋行方面委托专管贩卖人口的客馆包办，这种猪仔馆，挂着招工的招牌，实际贩卖人口，在国外设于新加坡、槟榔屿等处，在国内设于汕头、厦门、香港、澳门等处，彼此密切联系，消息灵通。在1876年仅汕头已有二三十家。猪仔馆接受洋行的委托或接到了南洋方面猪仔馆的定货单，即付款于客头或猪仔贩，分别到各乡村活动，用欺骗手段，引诱失业者或普通的劳动者入其圈套，然后把他们集中于客馆，最后运往南洋各地，首先运到新加坡及槟榔屿两大转运口岸，然后输送到其他各埠。印尼的华侨契约工人于1885年之前，绝大部分是从上述两地供应的"。可见，早期的侨批业和"猪仔贸易"是有一定联系的。

直到20世纪40年代，侨批局仍在做介绍华工出国的工作。"出国华侨大都家境贫寒，未受教育，对于姓名、籍贯、详细地址、家属姓名等，不独自己不能缮写，即他人代写有无错误，自己亦不能辨别。其出国时所需之行装、船票，及到达后接引上岸，安顿住宿，介绍工作，恒赖批信局之海外联号妥为照料。即由此项信局将侨民之姓名，国内家属住址，出国年月，国外工作地点，详为登记，编列号码，遇有汇款寄回国内时，即由各该批信局派人，多赴华侨工作地点收揽，并代写家信"。

侨批局大多数都兼营金融业，一般都是采取登门逐户收揽汇款并代写批信的办法。如果有的华侨不识字，就按国内风俗于每年春节、端午、中秋、冬至等节日前，对有固定职业的侨胞，登门收批，用簿折登记，收款后出给收条，等国内有回批寄来，再将收条换回。对没有固定职业又无固定住所的侨胞，采取店前收批，回批到后，挂牌招领的办法。如果有人担保，还可以赊账收批，于国内家属收到并寄来回批时，再收回赊款。如果是大宗汇款，还可降低汇率。假如侨胞所交为外币，侨批局还可代为兑换成本国币。

由于侨批局采取"编列专用号码"的办法，往往有些侨批信件只写"母亲大人收"，而没有确切的收信人名，或只把收信人名写清楚，而地址不详。这样的信件，一般邮局无法投递，而侨批局则能按照"专号"查明收件人详细地址和姓名，妥为投送，而且比邮局投递得快。

知识链接

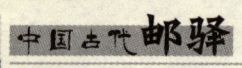

汉简：汉代通信的见证

汉代的邮驿通信和烽火通信情况，我们在历年发现的汉简里可以得到很详细的记录。

汉简是汉朝当时人留下的刻写在木简或竹简上的信件和文书。从汉简里我们可以较为细致地了解汉代的边防通信情况。令人十分欣喜的是，这些汉简在考古过程中发现了很多，仅居延一带就发掘出3万多枚，它们成为研究汉代邮驿的珍贵资料。

在甘肃敦煌、居延出土的几份《塞上烽火品约》，是目前知道的最为详尽的汉代烽火通信的重要资料。所谓"品约"，就是通常所说的规则。这样的规则通常由郡一级的地方机关制订。从这些品约规定可以看出，当时按敌情不同，把情报分为五品，即五个等级。敌人在10人以下者称为一品，情况不十分紧急；敌人10人以上500人以下者称为二品，情况稍急；敌人有千人以上且人塞者称为三品，情况更为紧急；敌人千人以上而且攻打亭障者称为四品、五品，情况至为紧急。敌情的不同级别，有不同的举报烽火的信号。汉简中还记录了当时边防烽火的施放部位，告诉人们施放烽火的地方有高台，有望楼，有坞墙，有小城，还有各种放烽火的器具材料的相关记载。这些珍贵的资料，使人们对汉代烽火通信制度能有一个较为全面的了解。

大量汉简中还可以看出当时邮驿通信的程序。简中所说的"以邮行"、"马行"、"驰行"，说明当时邮驿制度根据轻重缓急的不同情况，规定了信件的投递方式。"以邮行"就是步递，"驰行"是快马急传的文件。这些规定都在邮件的封面上清清楚楚地写明了。与现今平信、快信的分等十分相似。另外，汉简中还可以看出当时公文信件标明的发出方向，有的简上写着"入西书"，有的标明"南书"、"北书"，就像如今的邮政编码，使投递时不至于混乱。

从汉简上还可看出汉代人封发公文的格式。一般在公文中都写上寄件人发信日期、地址以及姓名，同时写上收件人的官名、地址和姓名。这些格式和现代的书信格式如出一辙。不难想像，汉代的邮递制度已经有了严格的体系。

除此之外，在汉简中还可看出，汉时对公文信件的收发规定是很严格的，若投递转送中有失误的要负法律责任。有一份汉简中有这样的记载："日限奉书，不及以失期，毋状，当坐罪留。"这段话的意思是说限制书到的日期，假如按期不到，则应受到法律的处罚。

从上述汉简的这些记载可以看出，汉朝时的各种通信已经形成了一套十分完整的制度，它保证了公文发放的及时。当然，其也有利于国家政策的有效施行。

第二节
驿吏驿卒生活写真

历史上的第一次驿夫起义

隋唐时期，在各种驿里服役的人，一般叫做"驿丁"、"驿夫"，或称"驿卒"、"驿隶"。从名称即可看出，他们的身份地位极其低下，生活相当艰苦，"辛苦日多乐日少"。不管是在烈日下、在寒风中，还是在大雨滂沱之中，

云南祥云云南驿街站

都毫无例外地要身背文书袋，在驿路上匆匆地行驶着。敦煌有一幅晚唐时期题为《宋国夫人出行图》的壁画，就描绘了当时驿使身背布袋的形象。而且，他们日常的任务十分繁琐，除途中奔跑着传递文书外，还要兼管扫洒驿庭等事务。

当时严格的邮驿通信制度是让人十分难以忍受的。在唐朝法律中，把针对邮递过程中的种种失误的处罚都规定得很细，稍有差错便要受到十分严厉的处置。唐朝规定，驿长应负有若干责任，例如必须每年呈报驿马死损肥瘠，呈报经费支出情况。若有驿马死损，驿长负责赔偿；若私自削减驿站人员和马匹，则杖一百。对驿丁的处罚更严。唐朝规定，驿丁抵驿，必须换马更行，若不换马则杖八十。还规定，凡在驿途中耽误行期，应遣而不遣者，杖一百；文书晚到一天杖八十，两天加倍，以此类推，最重的处徒罪二年。若耽误的是紧急军事文书，则罪加三等。因书信延误而遭致战事失败的，则判处绞刑。唐律对文书丢失或误投，也制定有十分严厉的处罚措施。

唐朝中期以后，一些贪官污吏利用驿传任意克扣驿丁的口粮，这样一来，它们的生活就处于水深火热之中。唐武宗时期，肃州（治所在今甘肃酒泉）地区终于爆发了我国历史上第一次驿夫起义。这次起义为首者都是亡命的囚犯，他们从肃州一直打到沙州，一路上得到各驿户的拥护与支持。政府得不到情报，得到的也多是假情报，仓皇不知所措。而起义军却"张皇兵威"，因

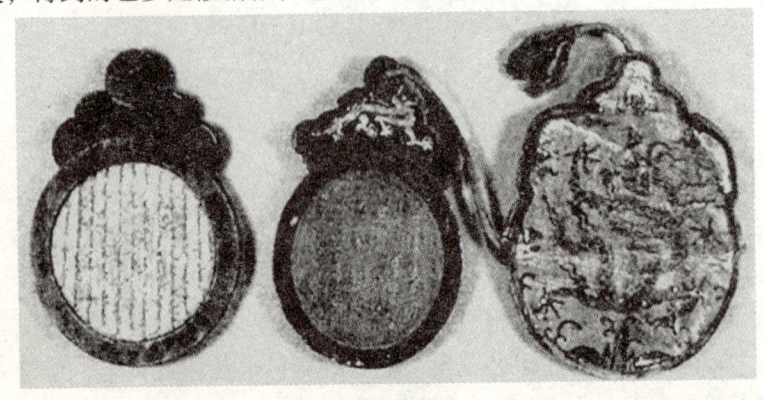

古代邮驿牌

为平时他们都是快马快步,"千里奔腾,三宿而至"。这导致唐政府损兵折将,使统治者受到了极大震动。

邮驿路上的闹剧

唐朝邮驿史是整个唐朝史的缩影。邮驿的繁荣是唐朝繁盛景象的真实反映,而唐朝统治者的奢侈腐朽和后期政局的混乱,在邮驿部门也有折射。下面发生在唐朝邮驿路上和驿馆中的事件便是最好的证明。

中唐时候,宦官的势力越来越大,有的宦官甚至把皇帝都不放在眼里,对朝廷大臣更是随意侮辱。唐宪宗时,诗人元稹任御史职。当他从外地返京时,途中住在敷水驿,正巧宦官刘士元也赶到这里,双方便在驿中争起客厅来。刘士元十分生气,推门便闯进了元稹的卧室,元稹急得鞋子也没来得及穿上就跑到外面。刘士元紧追不舍,用棒槌打伤了元稹的脸。这件事虽然被皇帝闻之,皇帝还是偏袒宦官一边。

唐朝统治者利用驿传,恣行享乐、作威作福的事更是不计其数。安史之乱的头目之一史思明曾利用洛阳的邮驿把鲜樱桃送给河北的儿子史朝义。唐宪宗时皇室喜欢吃南方的蚶子,每年用"邮子"万人从明州(今浙江宁波)把鲜蚶及时运到长安,导致百姓的负担极其沉重。历史上最有名的邮驿运物要数"一骑红尘妃子笑"的故事了。"红尘"指闹市上的尘土,形容驿骑一路快马经过许多大城市,"妃子"就是杨贵妃。据说杨贵妃对新鲜荔枝十分喜爱,每年结实时唐玄宗总要派专人给她从产地四川涪州运送这种果品。从涪州到长安不啻数千里之遥,经驿道快马的长途传送,到达京师时要求荔枝鲜味不变,这的确不是一件容易的事情,途中驿使要累死许多人。这一事实曾经引发当时许多正直人士的无比愤慨,不少诗人以此作为写诗的主题,借古讽今。杜甫的一首诗说道:"忆昔南海使,奔

盂城驿站

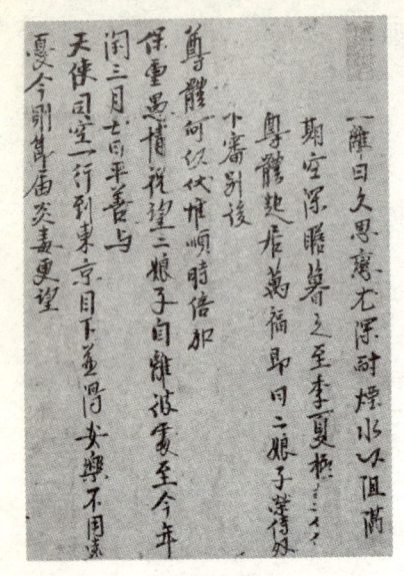

腾献荔枝，百马死山谷，到今耆旧悲。"晚唐诗人杜牧的一首诗是："长安回望绣成堆，山顶千门次第开。一骑红尘妃子笑，无人知是荔枝来"（《过华清宫绝句三首》）。第一首诗杜甫借汉朝的史实讽喻今人，感叹为了吃上荔枝，人马困乏，惨死山谷，至今父老们还闻之色变，万分苦恼。第二首诗杜牧说的是：一路上风尘滚滚，驿马奔驰，不知情的人还以为有紧急的军情，却无人知晓这只不过是为了宠妃要吃鲜荔枝，君王以此博美人一笑。这都是抨击时政的名篇佳作，深刻揭露了古代帝王奢侈浪费不顾人民死活的行为。

二娘子家书

唐朝的驿传，到后期由于政局的混乱，越来越不景气，有些原来豪华的驿馆逐渐萧条了，有些偏僻地区的驿站甚至停办。唐宪宗时，李勃充当泽潞节度的吊祭使。回朝后他把沿途所见驿途残毁的情况向皇帝做了汇报："道途不修，驿马多死"。泽潞在今山西东南部，离京都长安并不远，唐宪宗览表后十分惊讶。此外，自安史之乱后，四川一些地区的驿路驿站就已很荒凉。杜甫行至梓州（今四川三台）时，看到驿舍成了泉水旁的荒屋。贾岛策杖踽行在山中，找不到梓州驿究竟在哪里："策杖驰山驿，逢人问梓州"。这些诗，无不是唐朝残败政局的真实写照。

知识链接

"二娘子家书"的故事

唐朝和前代一样，私邮是极其罕见的。一般平民百姓通信十分不易，也只有通过人捎带，才能给亲人写上几句。

晚唐诗人杜牧在一首题为《旅宿》的诗中,有这样几句:"旅馆无良伴,凝情自悄然。寒灯思旧事,断雁警愁眠。远梦归侵晓,家书到隔年。湘江好烟月,门系钓鱼船。"意思是:独自一人在旅店里,思绪万千,想起了以往旧事,大雁行过的叫声使人烦躁难眠。写封家信吧,要隔年才能带到。这是游子之情的苦闷体现!杜甫的诗里也常有战时"寄书长不达"的感叹。晚唐另一诗人韦庄诗里说的情况更为凄惨:"九度附书向洛阳,十年骨肉无消息。"这些诗,都生动地说明了即使是繁盛的唐朝,民间通信也实属不易。

在这种情况下,能得到一封家书,真是天大的喜事。《二娘子家书》便是这样难得的留传至今的一封信。这封信,发现于敦煌石室,写在一份唐朝写经的背面。据考证,这是唐玄宗天宝十一载(751年)的一封信,寄信人为二娘子,从内容看这是女儿寄给母亲的一封家书。

《二娘子家书》的开头部分已经无从考证。从残文看,二娘子首先表达了浓厚的思乡念亲之情。当年二娘子随官员一起到东京洛阳,至今一切平安。信里向家中报了平安,并给姊姊和母亲一些礼物,还给小外甥一件礼物。从信的内容可以得出,这个二娘子是个年轻女性,可能在家排行老二。她的姐姐已经嫁人,生有一子。二娘子本人或嫁给官家为小妾,或充当体面丫环,看来在官员家的身份不会太低,因此还可以有自己的一些体己物件充作礼品送给家人。

除此之外,在唐人的若干文集中,常常都可看到文人学者之间的往来书信。连隋唐之际隐居深山的诗人王绩,也有人给他不断寄送书信(《王绩集·杜之松答王绩书》);因病高卧洛阳东郊龙门山的初唐卢照邻也曾数次写信向洛阳、长安的亲友们"乞药"(《卢照邻集》)。

从上面的史料可以看出:唐朝时人与人之间的通信较前增多,人们之间有时让人捎带书信,还互送一些小礼物。这种通信通过什么样的途径和方式,要具体情况具体对待。贵族和军将书信往来可以由官府和边防提供方便,属于中下层官员的可以通过州县邮驿捎带,一般百姓仍是靠同乡和商旅带信,就如王绩、卢照邻和中唐以后大文学家白居易及刘禹锡之间的平日书信往来一样。令人欣慰的是这毕竟在法律上得到允许了。

"站户"的悲惨生活

元朝统治者为了达到更有效地控制百姓的目的,把人民按不同的行业分成了若干专业户,如民户、军户、匠户、医户、儒户等等,其中有一项特殊的人户,叫做"站户"。

"站户",顾名思义是和驿站有着密切关系的户头。元代驿站繁多,所需费用也是极其惊人的,在这种情况之下,元代统治者便把这些负担转嫁给百姓,让一些人户专门承担驿站差役的费用,这些人户便称为"站户"。

山西大同四十里铺旧址

站户制度是从忽必烈统一中国前窝阔台时代开始的。当时规定,各驿站附近人家,每100户出车10辆,每户每年纳米一石。忽必烈统一南北后,对驿站进行大肆设置,便抽出一部分人户充当专门的站户,把这些站户从民户中分离出来,不入民户户籍,而是登入站户户籍。一经登记,世代沿袭,不得随意改变。

到元朝后期,由于政治日益腐败,驿路上的往来官员欺压百姓,无恶不作,他们常常任意索要名贵酒菜,还强令歌伎陪侍,无所不为。对驿站人员稍不如意,就施行毒打。加上当时站役负担沉重,如元成宗时四个月内就起马13300余次,即使所有马匹昼夜在道,也无法应付。在这样的情况下,导致大量驿畜倒毙途中。据《永乐大典》记载,元延祐元年(1314年)六月二十三日,仅甘肃省就奏报死铺马199匹、驿驼24头。

沉重的负担让站户实在难以承受,就只得背井离乡,四处逃亡,最后悲惨地曝尸荒野。元代诗人许有壬有首诗描写他们的悲苦生活说:"盛冬裘无完,丰岁食不足。为民籍站驿,马骨犹我骨。束刍与斗菽,皆自血汗出。生儿甘作奴,养马愿饲粟。"意思是,数九寒冬我还披着一件破烂的皮子,连丰收的年景也难以饱饭。当上入了籍的站户,就像受役使的马那样受苦。缴出的每束干草和每斗粮,都是我的血汗所出!难道我们甘于世世代代当牛作马、贱如奴隶吗?这首诗真实而悲惨地反映了元代站户的贫困生活。

到元代末年，站户们在沉重的压迫剥削下纷纷破产，建立在站户们血汗基础上的元代站户制度也难以继续维持。

中国古代驿传系统是依靠驿吏驿卒的辛苦劳作而实现其工作效能的。驿吏是国家行政体系最低阶层的成员，他们的主要职责是管理驿站驿馆，也拥有组织邮驿传递的权力，他们的职能虽然有时关系到军政大计，但是在多数情况下只表现出服务性，因而其地位十分低下。驿卒一般是以服役形式从事邮驿传递的下层劳动者，不仅身份极其卑微，在从事邮递过程中经历的劳苦艰险也是一般人难以想像的。

官卑未有如驿吏

清人詹应甲的《保安驿丞张焕死事》诗中，用所谓"官卑未有如驿吏"来形容驿吏社会地位的低下。孔尚任的《桃花扇·守楼》中也写道：

才关后户，又开前庭，迎官接客，卑职驿丞。

也说"驿丞"属于所谓"卑职"。明代无名氏所作《鸣凤记·林公理冤》又这样描写驿吏的日常生活：

驿宰风骚，乌纱叶叶嚣。趋迎当道，走得腿无毛。

尽管装束"风骚"，俨然一名官员，实际上却终日"趋迎当道"，辛劳往复，"走得腿无毛"。

唐代诗人卢纶曾经有一首《驿中望山戏赠渭南陆贽主簿》诗，其中写道：

官微多惧事多同，拙性偏无主驿功。
山在门前登不得，鬓毛衰尽路尘中。

诗人戏作，以同样"官微多惧"的驿吏自况，通过所谓"鬓毛衰尽路尘中"的

鸡鸣驿始建于元代

诗句，则可以真实地了解一般驿吏的生活境遇。唐代著名诗人李商隐《戏题赠稷山驿吏王全》诗，有"绛台驿吏老风尘"的名句，其中"老风尘"三字被视为是驿吏生活的真实写照。

唐代诗人元稹有《青云驿》诗，其中说到初闻青云岭上之"青云驿"之名时神秘崇高，而登临之后却大失所望的心境："岩蛲青云岭，下有千仞溪。徘回不可上，人倦马亦嘶。愿登青云路，若望丹霞梯。谓言青云驿，绣户芙蓉闺。谓言青云骑，玉勒黄金蹄。谓言青云具，瑚琏杂象犀。谓言青云吏，的的颜如圭。怀此青云望，安能复久稽。攀援信不易，风雨正凄凄。"在关于青云驿破敝简陋的记述中，我们又可以看到对于驿吏形象的生动描绘：

　　才及青云驿，忽遇蓬蒿妻。
　　延我开荜户，凿窦宛如圭。
　　逡巡吏来谒，头白颜色黧。
　　馈食频叫噪，假器仍乞醯。
　　向时延我者，共舍藿与藜。
　　乘我胖舸马，蒙茸大如羝。
　　悔为青云意，此意良嗌脐。

诗人又写道："昔游蜀门下，有驿名'青泥'。闻名意惨怆，若堕牢与狴。'云''泥'异所称，人物一以齐。"青云岭山势险峻，徘徊难以攀援，人倦马疲，仍然艰苦前进，好似攀登仙霞缭绕的天梯。料想青云驿的建筑，应当是彩门雕户；青云驿的驿马，应当是玉辔金蹄；青云驿的器具，应当是象牙犀角宝玉制作；青云驿的驿吏，也应当是相貌堂堂一表人才。但是，实际上以"青云"命名的这处驿馆，却不过"荜户""凿窦"，而且饮食粗鄙，乘马瘦弱，驿吏的形象也让人大失所望，"头白颜色黧"。与"昔游蜀门下"曾经行历的"青泥驿"相比较，虽然其"云"、"泥"的名称看起来高下悬隔，然而两者却"人物一以齐"。换句话说就是，驿吏的生活场景和精神风貌，基本上都是一样的。

元稹在这首诗的末尾，总结出了"道胜即为乐，何惭居稗稊"，"上天勿行行，潜穴勿凄凄"，"吟此'青云'喻，达观终不迷"的人生哲理，这种见解虽然是难能可贵的，可是我们从诗句中读到驿吏辛劳简朴而且"'云'

第七章 古代邮驿写真

明弘治十四年的驿符

"'泥'异所称,人物一以齐"的社会现象,也应当感叹诗人对于处于文明盛世的唐代的驿传系统中一般吏员生活情状具体而生动的记述。

驿吏作为管理驿站的官员,主持邮传迎送诸事,品级虽未入流,但须处理的事务却相当繁重。《清史稿·职官志三》中说到清代驿吏的基本职责为:

> 驿丞,掌邮传迎送。凡舟车夫马,廪糗庖馔,视使客品秩为差,支直于府、州、县,籍其出入。

驿吏根据"使客"的品级高低,分别按照有关规定提供相应的交通工具、人夫马匹、粮草饮食等,并且有所谓"籍其出入",也就是对于他们的来路、去向以及行程进行审查登记的职责。

唐代驿吏又称作"驿司"。《唐律疏议》卷一〇《职制》中有关于"增乘驿马"的内容,规定不同等级的官员使用驿马数量各有明确的定额,"增乘驿马",将依法论罪,"主司"知情者与其同罪,不知情者不予论处。又明确规定:其他律条对"驿司"的定罪量刑之尺度与此相同。"主司"或称"驿马主司"与所谓"驿司"的含义是一致的。《唐律疏议》卷二五《诈伪》中又有"诈乘驿马"条,规定凡"诈乘驿马"者,处以"役流"之刑。当发生这种情形时,"驿关等知情与同罪,不知情减二等。"这里所说的"驿关",又写作"给马之驿及所由之关",责任者是"驿及关司",也就是驿和关的主管

官员"驿司"和"关司"。《唐律疏议》卷一五《厩库》中又可以看到称驿吏为"驿长"的情形。如"监主借官奴畜产"条规定了对于"驿长私借人马驴者"的处罚标准,又有关于"驿马驴一给之后,死即驿长陪填"的法令。

"驿长"、"驿官"等称谓,后世依然继续沿用。元代王实甫《西厢记》第五本第二折就写道:"驿长不遇梅花使,孤身去客三千里。"《古今小说》中《吴保安弃家赎友》也有"张氏母子相扶,一步步挨到驿前,杨都督早已分付驿官伺候"的情节。

古代也有称驿吏为"驿将"的,反映了有的历史时期以军邮为重的情形,也体现出驿传系统长期以来所具有的军事化特征。例如《南齐书·张敬儿传》中就有这样的记载:"南阳新野风俗出骑射,而(张)敬儿尤多膂力,求入队为曲阿成驿将。"前引《朝野佥载》卷五娄师德故事中也说到"驿将"。

明泰昌刊本《御世仁风》"梅圣俞壁题田家语诗"图

驿吏还有催促"使客"行进的任务,好像对他们能否如期完成行程也负有责任。例如:

　　掩扉常自静,驿吏忽传呼。(严维诗)
　　惊魂随驿吏,冒暑向炎方。(戎昱诗)
　　篝灯驿吏唤人行,寥落星河向五更。(范成大诗)

在很多文献中都有关于这种情形的记载。唐代诗人李绅《欲到西陵寄王行周》诗所谓"驿吏递呼催下缆",明人谈迁《驿卒行》诗所谓"津吏奔程常恐后"等,也都形容驿吏日常生活的奔忙劳碌。

《晋书·天文志上》说，东壁北十星称作"天厩"，象征"主马之官"，"若今之'驿亭'也。"这里所说的"驿亭"，是指管理驿亭的官员。其职责在于："主传令置驿，逐漏驰骛，谓其行急疾，与晷漏竞驰也。""驰骛"，"急疾"，这些都是驿吏生活节奏最直接的体现。

明代曾经以犯罪的官员谪处边鄙地区的贫苦驿站，作为惩罚方式之一。景泰年间，南京大理少卿廖庄上疏不合帝意，"廷杖八十，谪定羌驿丞"（《明史·廖庄传》）。明代定羌在今甘肃广和，当时在今甘肃山丹永昌之间又有定羌墩堡，可知定羌驿已在西北极偏远之地。正德元年（1506年），著名思想家王守仁因得罪执政宦官刘瑾，"廷杖八十，谪贵州龙场驿丞"，龙场驿位于今贵州修文，处于"万山丛薄，苗、僚杂居"之地（《明史·王守仁传》）。正德年间，御史周广上疏指责宦官钱宁"滥宠已极"，"轻蔑王章"，钱宁"见疏大怒，留之不下，传旨谪广东怀远驿丞"，两年之后，又"矫旨再谪竹寨驿丞"（《明史·周广传》）。据明人黄汴著《天下水陆路程》卷七，可以知道怀远驿在今广州，竹寨驿在今湖南黔阳西南的竹滩，是黄汴撰写此书时已经革撤的鄙远小驿。

用驿吏职位安置罪谪官员，这些都是驿吏地位微贱与卑下的最好例证。

知识链接

驿壁题诗：文明史的奇观

元代诗人萨都剌《过五溪》诗曾经写道："爱山不厌马行迟"，"行尽江南都是诗。"又如宋人孙光宪《北梦琐言》卷七："或曰：'相国近有新诗否？'对曰：'诗思在灞桥风雪中驴子上。'"

除了驴背吟咏而外，古代诗人在驿路行旅途中从事文学创作，又有客舟唱诵的特殊形式。除了以上列举的之外，驿壁题诗，也是文人行旅常见的行为。杜甫《秋日夔州咏怀寄郑监李宾客一百韵》写道：

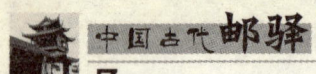

> 东郡时题壁，南湖日扣舷。
> 远游临绝境，佳句染华笺。

"扣舷"、"题壁"，已经成为行旅活动中一种十分普遍的文化生活形式。"染翰聊题壁，倾壶一解颜"（孟浩然：《秋登张明府海亭》），驿路行旅的种种情感意趣，都能够在此抒发出来。

驿馆题壁，曾经是古代文化人在行旅生活中描写心志、交流情感的一种特殊方式。杜甫的《清明》诗曾经写到驿途中，临视壁上宋之问题诗遗迹时的感受："宋公放逐曾题壁，物色分留与老夫。"白居易在南下的贬官途中，于沿途驿馆得见友人元稹往日旧题，感慨万千，于是作了《蓝桥驿见元九诗》："蓝桥春雪君归日，秦岭秋风我去时。每到驿亭先下马，循墙绕柱觅君诗。"他行至武关南，读到元稹所题山石榴花诗，慨叹路途相同而时光已异，诗句犹存而山花凋尽，于是又写道："往来同路不同时，前后相思两不知。行过关门三四里，榴花不见见君诗。"（《武关南见元九题写山石榴花见寄》诗）元稹则又作《酬乐天武关南见微之题山石榴花诗》："比因酬赠为花时，不为君行不复知。又更几年还共到，满墙尘土两篇诗。"驿壁题诗，究其本质，又具有人生道路上里程纪念的意义。

徐玑诗有所谓"邮壁题诗尽偶然"句，反映了驿壁题诗曾经成为一种相当普遍的文化现象。而白居易诗所谓"应有题墙名姓在，试将衫袖拂尘埃"，杨万里诗所谓"晓起寻檐看题壁，雨声一片隔林来"，也体现出拂尘读壁已经是文人学士于驿路行旅生涯中一种习以为常的行为。

尽管的确存在有"俗子书满壁"（陈与义《登天清寺塔》诗），"壁为题诗暗"（《贵耳集》）的现象，题壁作品也良莠不齐，驿壁仍然可以看作是展现不同时代文化风貌的一扇窗口。而驿道驿站也犹如文明史剧的特殊舞台，我们在这里可以看到历代学人士子的种种精彩表演、诸多社会现象的真实反映。

第七章 古代邮驿写真

　　驿壁题诗这种文化行为，超越了时间与空间的限隔而可实现信息交流和情感融会的作用，堪称中国文明史上的一大奇观。

图片授权
全景网
壹图网
中华图片库
林静文化摄影部

敬　启

　　本书图片的编选，参阅了一些网站和公共图库。由于联系上的困难，我们与部分入选图片的作者未能取得联系，谨致深深的歉意。敬请图片原作者见到本书后，及时与我们联系，以便我们按国家有关规定支付稿酬并赠送样书。

　　联系邮箱：932389463@qq.com

参考书目

1. 白寿彝．中国交通史．武汉：武汉大学出版社．2012
2. 白寿彝．中国交通史．岳麓书社．2011
3. 王忠强．古代驿站与邮传．长春：吉林出版集团有限责任公司．2010
4. 臧嵘．中国古代驿站与邮传．北京：商务印书馆．2007
5. 王子今．邮传万里：驿站与邮递．长春：长春出版社．2004
6. 苏全有．清末邮传部研究——中华文史新刊．北京：中华书局．2005
7. 仇润喜．天津的邮驿与邮政．天津：天津古籍出版社．2004
8. 刘广生，赵梅庄．中国古代邮驿史．北京：人民邮电出版社．1997
9. 马楚坚．中国古代的邮驿．北京：商务印书馆国际有限公司．1997
10. 王子今．中国古代交通．广州：广东人民出版社．1996
11. 刘广生．中国古代邮驿史．北京：人民邮电出版社．1986

中国传统风俗文化丛书

一、古代人物系列（9本）
1. 中国古代乞丐
2. 中国古代道士
3. 中国古代名帝
4. 中国古代名将
5. 中国古代名相
6. 中国古代文人
7. 中国古代高僧
8. 中国古代太监
9. 中国古代侠士

二、古代民俗系列（8本）
1. 中国古代民俗
2. 中国古代玩具
3. 中国古代服饰
4. 中国古代丧葬
5. 中国古代节日
6. 中国古代面具
7. 中国古代祭祀
8. 中国古代剪纸

三、古代收藏系列（16本）
1. 中国古代金银器
2. 中国古代漆器
3. 中国古代藏书
4. 中国古代石雕
5. 中国古代雕刻
6. 中国古代书法
7. 中国古代木雕
8. 中国古代玉器
9. 中国古代青铜器
10. 中国古代瓷器
11. 中国古代钱币
12. 中国古代酒具
13. 中国古代家具
14. 中国古代陶器
15. 中国古代年画
16. 中国古代砖雕

四、古代建筑系列（12本）
1. 中国古代建筑
2. 中国古代城墙
3. 中国古代陵墓
4. 中国古代砖瓦
5. 中国古代桥梁
6. 中国古塔
7. 中国古镇
8. 中国古代楼阁
9. 中国古都
10. 中国古代长城
11. 中国古代宫殿
12. 中国古代寺庙

五、古代科学技术系列（14本）
1. 中国古代科技
2. 中国古代农业
3. 中国古代水利
4. 中国古代医学
5. 中国古代版画
6. 中国古代养殖
7. 中国古代船舶
8. 中国古代兵器
9. 中国古代纺织与印染
10. 中国古代农具
11. 中国古代园艺
12. 中国古代天文历法
13. 中国古代印刷
14. 中国古代地理

六、古代政治经济制度系列（13本）
1. 中国古代经济
2. 中国古代科举
3. 中国古代邮驿
4. 中国古代赋税
5. 中国古代关隘
6. 中国古代交通
7. 中国古代商号
8. 中国古代官制
9. 中国古代航海
10. 中国古代贸易
11. 中国古代军队
12. 中国古代法律
13. 中国古代战争

七、古代文化系列（17本）
1. 中国古代婚姻
2. 中国古代武术
3. 中国古代城市
4. 中国古代教育
5. 中国古代家训
6. 中国古代书院
7. 中国古代典籍
8. 中国古代石窟
9. 中国古代战场
10. 中国古代礼仪
11. 中国古村落
12. 中国古代体育
13. 中国古代姓氏
14. 中国古代文房四宝
15. 中国古代饮食
16. 中国古代娱乐
17. 中国古代兵书

八、古代艺术系列（11本）
1. 中国古代艺术
2. 中国古代戏曲
3. 中国古代绘画
4. 中国古代音乐
5. 中国古代文学
6. 中国古代乐器
7. 中国古代刺绣
8. 中国古代碑刻
9. 中国古代舞蹈
10. 中国古代篆刻
11. 中国古代杂技